AF193472

LA SOSTENIBILIDAD DE LA ESCUELA CATÓLICA

CONSTRUIR SOBRE ROCA

Javier Cortés Soriano

EDUCAR

Diseño: Estudio SM

© 2024, Javier Cortés Soriano
© 2024, PPC, Editorial y Distribuidora, SA
    Impresores, 2
    Parque Empresarial Prado del Espino
    28660 Boadilla del Monte (Madrid)
    ppcedit@ppc-editorial.com
    www.ppc-editorial.com

ISBN 978-84-288-4239-6
Depósito legal M 25503-2024
Impreso en la UE / Printed in EU

Queda prohibida, salvo excepción prevista en la Ley, cualquier forma de reproducción, distribución, comunicación pública y transformación de esta obra sin contar con la autorización de los titulares de su propiedad intelectual. La infracción de los derechos de difusión de la obra puede ser constitutiva de delito contra la propiedad intelectual (arts. 270 y ss. del Código Penal). El Centro Español de Derechos Reprográficos vela por el respeto de los citados derechos.

PRESENTACIÓN

Hace ya algún tiempo planteé la perspectiva que proporciona el concepto de *sostenibilidad* como el instrumento conceptual más adecuado para afrontar los retos que la situación de la Escuela Católica (EC) nos plantea a todos los que estamos involucrados en esta misión evangelizadora de la Iglesia[1]. El paso del tiempo no ha hecho más que ratificarme en esa propuesta. Hemos sido testigos a lo largo de los años de numerosas iniciativas que se presentaban y se siguen presentando como caminos casi definitivos para renovar el impulso educativo de la EC tanto por parte de las instituciones religiosas, congregaciones, institutos y Órdenes religiosas como por parte de las organizaciones del sector, Escuelas Católicas u otras. La palabra «innovación» ha sido la gran protagonista e inspiradora de la mayoría de esas propuestas. Sin embargo, el paso del tiempo ha puesto también de relieve el carácter efímero de muchos de esos intentos que hace unos años eran presentados en encuentros y congresos como el gran impulso de renovación.

Soy testigo y también protagonista junto con otros muchos educadores cristianos de los avatares de la EC desde hace tiempo, y eso me permite situarme con una cierta perspectiva. Desde esa situación creo percibir una cierta sensación de *impasse* en los ambientes de la EC. No nos en-

---

[1] Cf. J. Cortés, *La Escuela Católica. De la autocomprensión a la significatividad*. Madrid, PPC, 2015, pp. 235-267.

contramos, desgraciadamente, en aquellos momentos de energía creativa que nos permitieron liderar la implantación de la LOGSE y que supusieron un intento sólido de renovación en la mayoría de nuestros colegios. Por otra parte, el paso del tiempo es inexorable y las instituciones manifiestan cada vez más su proceso de debilitamiento ante la falta de religiosos y religiosas. Es cierto que se han puesto en marcha nuevos modelos organizativos, pero no dejamos de tener una cierta sensación de que el escenario en el que nos hemos movido durante décadas está próximo a desaparecer más pronto que tarde.

Frente a este somero análisis de la situación, supongo que no compartido por todos, este libro pretende presentar toda una serie de propuestas. Lejos de acumular análisis más o menos derrotistas, su intención consiste en ofrecer caminos para afrontar el presente y el futuro desde el convencimiento experiencial de que el carisma de la EC posee recursos inmejorables para responder con originalidad y con audacia a los retos que tiene planteados hoy la educación. Es más, pocos impulsos educativos disponen de tantos recursos para ello. El problema, a mi modo de ver, es que no nos situamos desde lo mejor de nuestra fuente y nuestra tradición. Los caminos que aquí se proponen proceden en gran medida de mi propia experiencia dentro del ámbito de la EC como profesor, como responsable de colegio, como formador, como autor de propuestas didácticas y como acompañante de instituciones. Toda esta experiencia siempre ha intentado estar acompañada de estudio y reflexión compartida con otros compañeros de viaje –hombres y mujeres– y están de alguna manera contrastadas en la propia realidad. A todos ellos mi gratitud inmensa.

Así pues, este no es un libro teórico, pero tampoco es un recetario. Las propuestas que aquí se describen parten de una determinada comprensión de lo que es la educación, y la educación católica, porque, tal como hemos aprendido los educadores, no hay mejor práctica que una buena teoría. Parafraseando el título de un libro de Wagensberg[2], podríamos afirmar que nos estamos centrando mucho en los *cómos* cuando lo que realmente resulta fecundo es profundizar en el *por qué,* que nos sitúa en el auténtico sentido de la EC. Hay mucha teoría como sustrato de este libro que, de alguna manera, se da por supuesta, aunque quede apuntada aquí y allá a lo largo de su desarrollo. Sinceramente, se echa en falta una mayor reflexión teórica y sistemática sobre la EC más allá de artículos parciales sobre determinados ámbitos de ella. No hay más que acudir a una discreta búsqueda en cualquier buscador digital sobre «bibliografía sobre la escuela católica» para sorprendernos de lo paupérrimo de sus resultados. El libro que aparece como gran protagonista es, nada más y nada menos, que una novela dedicada a la mala educación recibida en un centro católico. Por eso otra de las intenciones de este libro es proporcionar mapas sencillos, pero no simples, que nos permitan afrontar los diferentes retos con visiones globales. El mapa no es el territorio, lo sabemos, pero ayuda mucho a transitar por él.

Las propuestas que aquí se presentan no son ni fáciles, ni sencillas, ni rápidas precisamente porque parten de una determinada comprensión de la EC y pretenden ser muy fieles a ella. Nunca hay atajos para los procesos humanos profundos. Todos sabemos que la educación constituye

---

[2] J. WAGENSBERG, *A más cómo menos por qué.* Barcelona, Tusquets, 2006.

uno de los procesos más complejos que ha generado la humanidad. En él se concentran intenciones muy profundas y de gran calado para la vida de las personas y para la misma sociedad. Seamos sinceros con esa realidad cultural radical que es la educación, y la educación católica. No podemos despacharla con cuatro pinceladas superficiales que proceden de cualquier moda psicológica o ambiental a las que acudimos para establecer los cambios pretendidamente necesarios y cuyo carácter efímero no hace más que manifestar nuestra pereza o nuestra mediocridad. Me permito poner en juego esta palabra sin ningún ánimo de ofensa en el sentido en el que Wagensberg la describe cuando afirma que ser mediocre es una opción personal[3] y que, por tanto, no es una característica innata, sino adquirida.

Afrontar con audacia el presente y el futuro de la EC no es solo una cuestión de supervivencia de nuestros colegios, lo que resultaría en el fondo un pecado de autorreferencialidad, sino más bien una responsabilidad que la Iglesia tiene con la sociedad. La educación de nuestra sociedad no sería igual sin la aportación de nuestros colegios. Algo muy importante se perdería en el ámbito educativo si la EC se apagara no solo cuantitativamente, por la disminución de sus centros, sino, sobre todo, cualitativamente, por la disolución de su genuina aportación educativa que tan fecunda ha sido a lo largo de los siglos. No podemos permitir que, también esta vez, vayamos abandonando las plataformas educativas de evangelización como hemos ido perdiendo otras muy valiosas en el pasado.

---

[3] J. WAGENSBERG, «La mediocridad en aforismos», en *Babelia*, 30 de diciembre de 2014.

El libro parte, como no podía ser de otra manera, de un diagnóstico de la situación de la educación, y de la educación católica, en una primera parte, que se completa con una descripción del concepto de sostenibilidad aplicado a la EC y con tres criterios básicos que se proponen como guía para todo aquel que desee transitar por los caminos de la sostenibilidad. La perspectiva de la sostenibilidad se despliega en los tres ámbitos básicos de la EC: la sostenibilidad del proyecto, la sostenibilidad de las personas y la sostenibilidad de la organización. En los tres criterios que completan el primer capítulo se pone de manifiesto en gran medida cuál es la justificación teórica, es decir, cual es la visión de la EC desde la que se proponen estas líneas de actuación. De este modo, este primer capítulo constituye toda una declaración de intenciones, de tal manera que el lector pueda desde el principio conocer cuáles son las motivaciones y los presupuestos de las propuestas que seguirán.

Los otros tres capítulos están dedicados a cada uno de esos tres ámbitos en los que podemos aplicar el criterio de sostenibilidad. En el segundo capítulo, la sostenibilidad del proyecto, se plantea en qué elementos de la vida de la escuela debemos abrir determinados procesos con el fin de que la realidad global de la escuela sea, en el presente y en el futuro, una concreción renovada del proyecto educativo. El capítulo tercero, la sostenibilidad de las personas, aborda el gran reto de la calidad de nuestros educadores. Qué hacer y cómo trabajar con ellos con el fin de que sigamos disponiendo de auténticos educadores cristianos en el futuro. Por último, el cuarto capítulo se plantea la cuestión de cuál es el modelo organizativo que mejor nos puede asegurar la escuela que queremos en el presente y en el futuro.

Los destinatarios de este libro son todos aquellos educadores y educadoras que en el seno de la EC desarrollan su vocación y su misión y que se preguntan sinceramente y con mucha libertad cuáles son los caminos a los que los retos actuales nos empujan. Pero muy en especial va dirigido a aquellas personas que en el ámbito de la EC tienen la responsabilidad de liderar los destinos de los colegios católicos tanto en el nivel de sus diferentes instituciones como en las realidades locales de cada escuela.

1

LA PERSPECTIVA DE LA SOSTENIBILIDAD

Las propuestas que cada uno de nosotros elabora sobre cualquier situación parten siempre de determinados diagnósticos, pero los diagnósticos siempre son, a su vez, fruto de determinados criterios. En el diagnóstico manifestamos qué falencias encontramos en la realidad y, por tanto, dibujamos ya el ideal que nos gustaría alcanzar. Muchos de los procesos que se inician con el objetivo de transformar la realidad no llegan a buen puerto precisamente porque no se ha dedicado el suficiente tiempo al diálogo profundo para alcanzar acuerdos básicos sobre el diagnóstico. Por eso es importante que la presentación de posibles propuestas de actuación vaya siempre precedida del diagnóstico del que se parte, ya que en él encontramos los criterios desde los que esas propuestas nacen.

1. En el momento actual de la educación y de la educación católica

La educación es una condición radical de la vida del ser humano. Constituye quizá la manifestación más clara de nuestro ser como seres culturales. Frente a una evidente debilidad física, nuestra especie ha desarrollado todo un universo ingente de simbologías culturales con el fin de poder desarrollar una vida adecuada a las expectativas que la humanidad ha ido generando a lo largo de la historia. Ese acervo cultural necesita ser comunicado de una generación a otra, y es la educación la encargada de llevar a cabo esta tarea de transmisión. La educación nace, por tanto, de la necesidad de tradición, teniendo en cuenta que es cada generación –en su contexto histórico– la que determina cuáles son los elementos de esa tradición que conviene introducir en ese proceso de transmisión. No hay educación sin tradición, aunque no cualquier tradición representa lo mejor de la creatividad cultural que la humanidad ha desarrollado desde hace milenios.

La educación católica es, en primer lugar, educación y, por tanto, más allá de las características que le son propias por sus propias dinámicas internas, participa hoy, ya en pleno siglo XXI, de la situación general de la educación. Conviene, pues, compartir un diagnóstico de la situación de la educación, en general, y del propio sistema educativo, en particular. Muchos de los caminos que se inauguran con la intención de renovar la educación fracasan porque no se parte del mismo diagnóstico. Hay quienes piensan que el problema está en la didáctica y, por tanto, pondrán su acento en la innovación metodológica; otros, en la desconexión de la escuela con el mundo en el que se mueven nuestros alumnos, en especial con el universo digital, y, consecuentemente, encontrarán en la implantación de un modelo digital la solución a nuestros problemas. No faltan quienes apuestan por un diagnóstico basado en el rechazo a las nuevas pedagogías, a las que hacen responsables de todos los males de la educación[1].

---

[1] Cf., por ejemplo, X. MASSÓ, *El fin de la educación*. Madrid, Akal, 2021.

a) De la educación en general

Todo diagnóstico sobre la situación de la educación debe partir de la enorme complejidad del fenómeno. Lo que llamamos «educación» reúne en su interior desde elementos radicalmente culturales, mucho más importantes de lo que a menudo creemos, hasta cuestiones más prácticas de definición del sistema educativo y sus políticas. Por eso dividiremos esta propuesta de diagnóstico en tres momentos. En el primero escucharemos la voz de siete personas de prestigio; en el segundo propondremos una lectura sintética de la situación cultural, y en el tercero nos acercaremos a cuestiones más centradas en el día a día de la vida escolar.

Escuchando algunas voces

Marina Garcés nos ha brindado una mirada sobre la educación[2] en la que, además de expresar su visión de la esencia de la educación, destaca algunos datos de diagnóstico que nos pueden ser útiles.

– Murió la pedagogía y nacieron las ciencias de la educación, con lo que se perdió una visión holística y no fragmentada del proceso educativo, abandonando su perspectiva más humanista para recaer en la educación como diferentes técnicas pretendidamente científicas puestas en práctica de manera secuencial, hasta cierto punto especializadas. Se interviene sobre el alumno desde diversas instancias al modo en cierta medida de las intervenciones médicas, pero se pierde el carácter comunicativo e interpersonal

---

[2] Cf. M. Garcés, *Escuela de aprendices*. Barcelona, Galaxia Gutenberg, 2020.

de la educación. Ya no hay sabiduría pedagógica, sino ciencias especializadas.

– Vivimos en un capitalismo cognitivo saturado de datos sin sentido. El exceso de datos embota las posibilidades de información y anula cualquier oportunidad de una construcción del conocimiento, auténtico objetivo de la educación. Si esta secuencia que transita del dato al conocimiento queda truncada, resulta prácticamente alcanzar el cuarto paso: llegar a la sabiduría. Por otro lado, estamos asistiendo a la alianza perversa entre el sistema económico y la tecnología que pone al servicio del máximo beneficio la explotación de los datos personales, que permite configurar los entornos personales con el fin de explotar al máximo las posibilidades de cada ciudadano-cliente hasta llegar a un capitalismo no solo cognitivo, sino de vigilancia[3].

– Si el futuro es la competitividad, la pugna está entre metodologías y, consecuentemente, la educación queda reducida a la didáctica. Estamos así en manos de la psicología, y ahora también en manos de su correlato, la neurociencia, convertida en la gran inspiradora de las prácticas educativas. «La realidad cerebral no acaba en el órgano neuronal y sus circuitos, sino que continúa en los circuitos extrasomáticos de carácter simbólico»[4]; «La autoridad no ha desaparecido: ha sido transferida de la enseñanza a los procedimientos»[5].

– Vivimos en una crisis de futuro. «El tiempo de las promesas se ha roto»[6]; «Nuestro presente, ni imagina ningún

---

[3] Tal como propone S. Zuboff, *La era del capitalismo de vigilancia*. Barcelona, Paidós, 2020.

[4] M. Garcés, *Escuela de aprendices*, o. c., p. 119.

[5] *Ibid.*, p. 118.

[6] *Ibid.*, p. 146.

futuro deseable ni es el futuro que las anteriores generaciones habían deseado»[7]. Esta crisis del futuro no es más que una manifestación más de la pérdida de fuerza de los relatos utópicos que movilizaron ilusiones y compromisos. Es un lugar común hablar del presentismo como una de las características del sentir de nuestra sociedad.

La obra de José Antonio Marina es inmensa en cantidad y significativa en calidad. Sus análisis y sus propuestas nos acompañan desde hace años iluminando no solo la lectura del presente, sino abriendo líneas de pensamiento que puedan acompañar transformaciones de la educación bien fundamentadas. Su aportación al diagnóstico sobre la educación es muy amplia. Solo seleccionamos algunos rasgos que parecen más relevantes por la profundidad de su análisis.

– «No tenemos un modelo claro de sujeto humano. Una de las razones de la perplejidad pedagógica es que la filosofía, la psicología y la misma pedagogía nos ofrecen visiones fragmentadas del sujeto humano»[8]. Sin una idea fundamentada, clara y definida del ser persona no es posible establecer cuáles son los itinerarios pertinentes para una educación que ayude a la mejor plenitud del desarrollo personal. Padecemos un grave déficit de antropología, lo que nos lleva a una educación fragmentada sin visión global de la persona. Planeamos intervenciones educativas que se dirigen a tal o cual pretendido ámbito del ser personal –los afectos, la razón, los valores, el desarrollo corporal, etc.–, pero sin una visión global y armónica que dé sentido a todas esas intervenciones en la construcción de un proyecto personal de vida.

---

[7] *Ibid.*, p. 150.

[8] J. A. MARINA, *El bosque pedagógico*. Barcelona, Ariel, 2017, p. 18.

– «La crisis de la autoridad va unida a la crisis de la tradición, y esta a la de las instituciones»[9]. Los patrones de educación que se han ido asentando desde hace ya décadas huyen de cualquier atisbo de educación autoritaria que pueda cercenar el auténtico y autónomo desarrollo de los niños, con el peligro de eliminar la parte necesariamente propositiva por parte del adulto. Las urgencias del presente y el deseo de permitir que cada persona desarrolle su propio camino puede llevarnos al silencio de la tradición, entendida esta como lo mejor del bagaje que la historia de la humanidad ha ido produciendo en forma de simbologías culturales.

– «Un principio del arte de la educación es que no se debe educar a los niños conforme al presente, sino conforme a un estado mejor, posible en el futuro, de la especie humana; es decir, conforme a la idea de humanidad y de su completo destino» (I. Kant)[10]. El mundo educativo está sufriendo una auténtica avalancha de propuestas, presiones, nuevos conceptos que pugnan por ser la panacea que solucione todas las dificultades. Necesitamos un criterio basilar, un faro, una guía que nos permita ordenar este caos. Y eso solo nos lo puede proporcionar un ideal de humanidad y un ideal de su destino.

– «El niño aprende a ser libre obedeciendo»[11]. La educación ha quedado huérfana. Ha enviado al exilio determinados planteamientos que es necesario rescatar bien reformulados desde una perspectiva renovada y bien fundamentada en la reflexión psicológica reciente, como son el temperamento, el carácter construido a partir de los hábitos, la vo-

---

[9] J. A. Marina, *La recuperación de la autoridad*. Madrid, Versátil, 2009, p. 37.

[10] Citado por J. A. Marina, *El bosque pedagógico*, o. c., p. 24.

[11] J. A. Marina, *La recuperación de la autoridad*, o. c., p. 42.

luntad como condición de la libertad, la necesidad de entornos externos en cuya aceptación obediente pueda darse la autonomía, etc.[12]

Nuccio Ordine, aunque ha dirigido sus comentarios sobre educación al ámbito más universitario, se ha convertido en una voz, lamentablemente ya apagada, que reivindica una educación mucho más ligada a la profundidad del ser humano manifestada en la gran aportación de los clásicos y de su humanismo que a planteamientos mucho más practicones y mercantilistas[13].

– La educación se ha puesto al servicio de las demandas sociales y los currículos, lo que se enseña, han quedado determinados por aquellos contenidos que parecen más útiles para cubrir las necesidades del sistema. La razón económica se ha introducido en la educación como criterio de discernimiento en las decisiones académicas. Estamos siendo testigos de la entrada de determinados capitales en el ámbito educativo con el fin de poner en pie modelos educativos al servicio de las exigencias de algunas élites culturales y económicas. Lo que no manifiesta posibilidades de aumentar la competitividad del alumnado en su integración y desempeño social queda excluido.

– Se ha perdido la inutilidad de la auténtica sabiduría, el gran objeto de la educación. Con ello se pierde el desarrollo de una parte fundamental del desarrollo humano, porque «en la escala de los seres solo el hombre realiza actos inútiles» (Pierre Leconte du Noüy)[14], tal como el arte o la con-

---

[12]   Cf. especialmente la presentación que de todos estos elementos hace en sus libros «El Proyecto Centauro», de Edelvives; «Aprender a vivir», de Ariel, y en el titulado «El misterio de la voluntad perdida», de Anagrama.

[13]   N. ORDINE, *La utilidad de lo inútil*. Barcelona, Acantilado, 2014.

[14]   Citado en *ibid.*, p. 18.

templación de la belleza sea natural o creada por el hombre. Esta es la perspectiva que nos pueden aportar los clásicos para los que el ejercicio del pensar y del crear estaba exento de toda utilidad pragmática. Muy al contrario, esa visión libre e indeterminada de la sabiduría muestra su utilidad, pero lejos de la aplicación utilitarista, porque nos abren a la profunda experiencia humana.

– La presión utilitarista sobre la educación produce otro efecto nefasto, y es reducir la educación a la instrucción. La transmisión se reduce a los contenidos que el alumno debe asumir para convertirse en competitivo, y la educación se limita a asegurar su adquisición como si de una mercancía se tratara. El propio sistema educativo genera sus propias comprobaciones sobre los niveles satisfactorios o no de esa adquisición. El conocimiento se convierte en algo que se posee o no se posee, «y la posesión, a fin de cuentas, se manifiesta como uno de los peores enemigos del amor»[15]. Por eso esta perversión de la educación no crea amor a la sabiduría, sino que busca la mera posesión utilitarista de los contenidos.

– «Por este camino se acabará liquidando la memoria a fuerza de progresivos barridos que conducirán a la amnesia total»[16]. Presentismo y utilitarismo se confabulan para imponer una selección de lo culturalmente relevante, cerrando el diálogo con el pasado hasta conseguir una humanidad desmemoriada sin recursos para construir su identidad y sin capacidad de elaborar sueños de futuro.

Benedicto XVI no nos legó un gran magisterio sobre el tema educativo, pero, fiel a su estilo, sí nos dejó un diagnóstico de profundo calado acuñando una expresión que

---

[15] *Ibid.*, p. 124.
[16] *Ibid.*, p. 96.

más tarde hizo fortuna: la emergencia educativa. El 27 de mayo de 2010, en un discurso a los obispos de Italia, compartió su análisis de la situación de la educación[17]:

– Encontramos grandes dificultades para formar personas sólidas capaces de colaborar con los demás y de dar sentido a sus vidas. Pareciera que la escuela ha perdido la fuerza educativa que pudo tener en otros momentos.

– Una de las causas de esta situación reside en la falta de transmisión de certezas y valores, como si cualquier propuesta con pretensión de verdad y autenticidad fuera una imposición. Encontramos aquí el fenómeno del relativismo como característica propia de nuestro tiempo, como si ese relativismo fuera el único camino para afrontar la convivencia y el encuentro de diversidades.

– Hoy la dialéctica entre libertad y disciplina necesita ser revisada, y solo encontrará su equilibrio en una recuperación de la autoridad ejercida en un clima de encuentro de dos libertades, la del adulto y la del educando.

– Vivimos en una cultura que estimula más el deseo que la esperanza. La educación necesita recuperar el impulso de la esperanza para abrir a futuros de realización personal y social.

El papa Francisco desarrolla un amplio y rico magisterio sobre la educación que se manifiesta no solo en declaraciones y documentos, sino en iniciativas de procesos más ambiciosos, como es el caso del Pacto Educativo Global[18]. No nos interesa aquí proponer una síntesis de este fecundo magisterio, sino más bien escuchar cuál el diagnóstico que

---

[17] Mensaje del Santo Padre Benedicto XVI a la diócesis de Roma sobre la tarea urgente de la educación.

[18] Cf. en especial el capítulo sexto de *Laudato si'*, en particular los nn. 209-215, aunque no faltan referencias a la educación en toda la encíclica.

el papa Francisco hace sobre la situación de la educación y sobre el que apoya después sus propias propuestas.

– Vivimos en una cultura de la fragmentación, de la desconexión, tanto en el ámbito de la vida personal como en las dinámicas sociales. Fragmentación de la propia identidad que no responde a un proyecto armónico y jerarquizado de las dinámicas personales, fragmentación entre ciencia y ética, entre familia y escuela, en el interior de la propia escuela, donde los procesos educativos se desarrollan cada uno aisladamente según su propia dinámica; fragmentación entre clases y pueblos…

– Vivimos en la ausencia de una visión clara de lo que es el ser humano, en sus grandezas y sus ambivalencias, y sobre todo en una ignorancia de la vinculación básica de la persona con los demás y con la propia naturaleza.

– Vivimos en una cultura en la que el acceso a la verdad no es fácil y requiere de disciplina y esfuerzo para huir de las simplificaciones, de los prejuicios, de las visiones sesgadas y populistas al servicio de intereses espurios.

– Vivimos en una cultura muy marcada por la alianza entre el sistema económico y la tecnología, dominada por el paradigma cientificista y de progreso sin límite.

Josep Maria Esquirol nos ha regalado un delicioso libro dedicado a la educación[19] en el que encontramos verdaderas joyas muy en la línea de los autores anteriores.

– «Por eso no busco decir cosas nuevas, sino decir de nuevo alguna cosa. La originalidad no consiste en buscar agitadamente la novedad, sino en repetir lo esencial. Pero repetir no por nostalgia. Repetir el origen no temporal, sino

---

[19] J. M. Esquirol, *L'Escola de l'ànima: de la forma d'educar a la manera de viure.* Barcelona, Quaderns Crema, 2024.

básico»[20]. No se trata de recordar formas que en algún tiempo pasado tuvieron éxito, sino de situarnos en el espíritu más original y fundante. Ahí es donde reside la fuente de la innovación, en lo esencial.

– «La reflexión filosófica ha de poner de relieve el sentido de la escuela y, al mismo tiempo, tiene que nutrir ese sentido en la escuela»[21]. Necesitamos con urgencia recuperar la reflexión filosófica sobre el educar y sobre la escuela y darle forma en una nueva pedagogía. Es el sentido de la gran aportación de la escuela, el sentido del mundo que la escuela muestra al alumno. La prioridad no es la cantidad de mundo que se muestra, sino la visión de él que se comunica. Ahí reside el pilar fundamental de la responsabilidad de la escuela en el ámbito académico, en todo lo que tiene que ver con los diferentes saberes.

– «Puesto que el "realismo" de la actualidad traiciona el espíritu de la escuela, es necesario que la escuela se defina por su no realismo y, sobre todo, por su resistencia a la asimilación»[22]. Una necesaria reivindicación de la utopía educativa como el posicionamiento más adecuado frente a las urgencias que marca un entorno instalado en la mentalidad pragmática y consumista. Una escuela resistente y, por tanto, llamada a jugar un papel más profético no como residuo de un pretendido pasado glorioso, sino como fruto de su ser escuela.

– «Se dice constantemente que las instituciones educativas deben estar *al servicio de la sociedad*. Sin embargo, estas instituciones no han de estar *al servicio de la sociedad*, sino que *deben configurarla* […] No se debe identificar *estar al ser-*

---

[20] *Ibid.*, p. 16.
[21] *Ibid.*, p. 11.
[22] *Ibid.*, p. 24.

vicio con *adaptarse* […] No es verdad que *estar al servicio de* signifique por fuerza "satisfacer las necesidades de" o "adaptarse a"»[23]. Ni la educación ni la escuela deben estar orientadas a responder a todos y cada uno de los requerimientos del sistema o de las propias familias. La educación y la escuela deben recuperar aquella visión que les vio nacer: transformar la vida de los alumnos para transformar el mundo. La escuela no puede ser la correa de transmisión de los valores instalados en el contexto social, económico y cultural.

Suscribo todas y cada una de las inquietudes que subrayan estos autores y me sitúo en ese nivel de reflexión. Necesitamos contemplar la situación de la educación desde una atalaya más alta, lejos de las presiones que las diferentes instancias sociales ejercen sobre el sistema educativo.

Algunos vectores culturales

La educación y la escuela están inmersas en un determinado contexto cultural que, como ocurre en todo momento histórico, prima unas sensibilidades sobre otras. Señalamos aquí algunos de esos rasgos sin pretensión de exhaustividad.

– *La crisis del «adulto»*. Si entendemos por adulto aquel conjunto de instancias personales o institucionales que llaman a la norma, al deber, al límite, a la autoridad, a la objetividad de las normas y de las leyes, a la renuncia y al esfuerzo, parece evidente que este tipo de registros no están muy presentes en nuestro entorno cultural. En las socieda-

---

[23] *Ibid.*, pp. 26-27.

des más clásicas, esta figura estaba representada por los padres, en especial por el padre, por la escuela y, en gran medida, por la influencia de la religión en la configuración de los ideales morales.

Este fenómeno está intrínsecamente unido a la crisis generalizada de los «relatos fuertes» de sentido. Estamos instalados desde hace muchas décadas en una enorme diversidad que, bajo el valor de la tolerancia, iguala el valor de las diferentes propuestas de vida buena y hace difícil a veces la defensa de un modelo determinado en preferencia frente a otros. A veces parece que el adulto desapareciera agazapado tras el mensaje comúnmente recurrente en educación: eres tú el que tienes que decidir, buscar tu camino, orientando tu vida como tú creas, en libertad y autonomía. La parte de indiscutible verdad que encierra este paradigma tan extendido en nuestra cultura puede tener su contrapartida negativa en el silencio de un adulto que, quizá sin darse cuenta, puede estar privando a los educandos de los referentes necesarios para que ellos mismos tomen sus decisiones, pero frente a un panorama amplio de posibilidades de proyecto de vida. Quizá sin percatarnos, entre determinados recortes curriculares en el área de las humanidades y el silencio sobre posibles fuentes de vida como pueden ser las religiones, estamos condenando a nuestros alumnos a crecer en un erial de modelos referenciales.

Este posible silencio del adulto contrasta con el abrumador griterío que nuestros alumnos perciben por parte de otras fuentes. Esta actitud del adulto no deja al educando en el silencio, sino más bien a merced de tantas instancias alimentadas todas ellas por los intereses económicos o ideológicos que tienen como intención modular o moldear las vidas de nuestros alumnos para una mejor integración en el sistema. Esta circunstancia se ha visto agravada en los últimos años por la eclosión del mundo digital en todas sus modalidades, como veremos más tarde.

Esta tendencia cultural ha transformado también el papel de la estructura familiar y el modo en el que los padres afrontan la orientación y la educación de sus hijos. Es un lugar común en cualquier reunión de profesores hablar sobre el divorcio entre las intenciones de la familia y de la escuela. La escuela, el profesor, siente que ya no tiene un aliado en los padres. Tal como afirma algún autor, se ha producido una ruptura del «pacto entre adultos»[24], familia y escuela, que ha venido funcionando durante años. Este pacto no escrito hacía posible una complicidad educativa entre adultos que hoy parece arrumbada. Sin este pacto implícito se abre paso la desconfianza, y frente a ella la escuela se protege refugiándose en la seguridad de la burocracia, como comentaremos más tarde. Más que afrontar los problemas reales que se dan en la vida de nuestros alumnos, a veces parece que el objetivo principal consiste en que no nos pillen en renuncio y, por tanto, lo que hay que hacer es asegurarse de que todos los protocolos y procesos se han cumplido.

Las sensibilidades culturales imperantes apuntan al encumbramiento del individuo como valor supremo frente a una crisis de los modelos objetivos a los que aspirar. Esta tendencia, junto con el deseo de eliminar cualquier tipo de sufrimiento, puede producir una cierta «infantolatría» que coloca al alumno en el centro de las intenciones educativas como medida del valor de los procesos educativos. Ya no se educa a los niños para que honren a sus padres, sino para

---

[24] Cf. en especial M. RECALCATI, *El complejo de Telémaco. Padres e hijos tras el ocaso del progenitor*. Barcelona, Anagrama, 2013.

que sean felices y, por tanto, la vida del niño –con todos sus intereses– se constituye en el centro de las decisiones familiares. El niño no se educa para «incorporarse» a determinados valores o estructuras, sino que se le consagra como decisor.

Las consecuencias de esta tendencia cultural se hacen también notar en niveles más profundos. El encumbramiento del yo como criterio absoluto corre el peligro de cercenar una de las experiencias profundamente constitutivas del ser humano: la emergencia del otro y su llamada al encuentro dialógico.

– *Crisis institucional de las estructuras de acogida, sentido y tradición.* Una de las características de nuestro tiempo, bien señalada por muy diversos autores, se refiere a la crisis general de las instituciones. En síntesis, el diagnóstico es el siguiente: las instituciones que han estructurado y dado forma a la convivencia social no son capaces en este momento de canalizar las aspiraciones de la ciudadanía. Hoy la pertenencia ha sido sustituida por la desafección institucional. Cada vez son más las personas para las que construir su identidad no lleva consigo la integración en ninguna estructura de pertenencia, y, si lo hacen, todo se concreta en una integración blanda, casi a la carta.

Esta crisis institucional se ha llevado por delante a las grandes instituciones que han servido de nexo entre los recién llegados y el pasado. Estas instituciones realizaban el servicio de acoger al recién llegado para ir integrándolo poco a poco en una tradición viva en el seno de la cual podía desarrollar su identidad por medio de un profundo sentido de pertenencia. Nos referimos a instituciones fuertes, como la familia, la escuela, la Iglesia, los partidos políticos o los sindicatos. Las instituciones proporcionaban estructuras de acogida y, por medio de la incorporación a una tradición, ofrecían la posibilidad de proporcionar un posible sentido para la vida de las personas[25]. Hoy las pertenencias se sitúan en agrupaciones mucho más débiles con pertenencias blandas y poco exigentes. Es más, se opta por una espiritualidad sin Iglesia, por una política sin partidos y por una vida en pareja variada y desinstitucionalizada.

Esta realidad plantea un reto considerable a una escuela que pretenda acompañar a sus alumnos en la construcción de su identidad personal. Hemos pasado de la construcción de la identidad por imitación e incorporación a la construcción de la identidad como un constructo personal libre y autónomo que configura su ser persona acudiendo a diversas fuentes de manera a veces ecléctica con muy bajos sentimientos de pertenencia institucional.

Estas sensibilidades que estamos describiendo no hacen más que apuntar al dato fuerte de nuestra situación cultural: la emergencia del yo como criterio último y definitivo de las decisiones personales.

En el día a día de la escuela

Más allá o, mejor, más acá de estas visiones, el día a día de la vida de las escuelas vive sus propias sensaciones que los educadores suelen manifestar como primer dato de su diagnóstico. Es el día a día de las relaciones con los padres, de las exigencias legales y de programación y de todo el trabajo burocrático que recae sobre ellos. Señalamos algunos de estos rasgos.

---

[25] Lluís Duch nos ofreció un lúcido análisis de este fenómeno. Cf. especialmente Ll. Duch, *La crisis de la transmisión de la fe*. Madrid, PPC, 2009. También id., *La educación y la crisis de la modernidad*. Barcelona, Paidós, 1997.

La excitación constante de las nuevas modas de innovación. A las playas del mundo educativo han ido llegando en las últimas décadas toda una serie de descubridores que traían la solución que nuestros problemas necesitaban. Así aparecieron las inteligencias múltiples, los grandes descubrimientos de la neurociencia, el trabajo cooperativo, el trabajo por proyectos, la inteligencia emocional el *mindfulness* y un largo etcétera. A esa lista hay que añadir el mundo digital, visto por algunos como la panacea para todos los problemas del sistema, porque nos va a acercar a la realidad que viven nuestros alumnos. Cada una de esas nuevas aportaciones pretendía convertirse en un nuevo modo de educar en la escuela casi de manera inmediata, sin considerarla en su propia y específica virtud para ser integrada en un conjunto más general.

En realidad, podemos constatar que el sistema no ha cambiado. Lo que sí se ha producido es una enorme proliferación de proyectos de innovación por doquier. La inmensa mayoría de ellos no ha pasado de ciertos experimentos con mayor o menor permanencia, pero no se ha producido ningún cambio significativo del sistema. Por el contrario, lo que sí ha aparecido es un buen grupo de profesionales de la educación que se han instalado en el escepticismo ante el fracaso de los sucesivos intentos de transformación de la escuela.

Lo que esta reciente historia pone de manifiesto es que la escuela no dispone de un norte bien definido que le permita integrar de manera crítica todas estas solicitaciones. No parece que la escuela disponga de una brújula que le permita iluminar el escenario y ordenar de manera proactiva sus propios destinos.

Una escuela bajo presión. La claudicación del adulto de la que hablábamos antes no solo se da en el interior de las estructuras familiares. El resto de los adulos –autoridades intelectuales y políticas, líderes sociales, etc.– no escapan a menudo de esta tentación. Nadie quiere aparecer como el malo de la película que venga a aguar la fiesta. Ahora bien, cuando aparece un problema social en el ámbito de la salud, de la preparación profesional o de las conductas y comportamientos de los ciudadanos, entonces todos acuden a la escuela con el fin de que el sistema educativo corrija esos desórdenes como si no fuera toda la sociedad en su conjunto la que educara. Pocos elevan la voz contra los intereses económicos que manejan determinadas programaciones televisivas u ofertas variadas de ocio y consumo que se han constituido en agentes educativos de primer orden. El profesorado vive la realidad de una escuela bajo presión. Se tiene la tendencia a remitir a la escuela algunas de las deficiencias educativas de una sociedad que se desentiende de sus responsabilidades, y así la escuela va aumentando progresivamente sus responsabilidades.

Otro de los factores que influyen en esta experiencia de cierta presión que sufre la escuela proviene de la velocidad de los cambios culturales que estamos viviendo y a los que hemos aludido ya anteriormente. Hoy más que nunca quizá, la escuela vive con tensión una dialéctica que le es intrínsecamente propia, la que se manifiesta en el binomio conservación/innovación. Saber hoy en la tarea educativa de la escuela qué hay que conservar y qué hay, por el contrario, que rechazar para entrar en nuevos modos innovadores, no resulta nada sencillo. Las constantes iniciativas de reforma educativa, además de aumentar de manera injustificada esta presión por el cambio, crean inestabilidad en el propio sistema escolar. El resultado es un cierto cansancio y una falta de ilusión por cambios que de verdad motiven a todo el talento presente en la escuela.

Hay otro factor que puede influir en la presión en la que viven muchos profesionales de la educación. En la medida en que el derecho a la educación ya dispone de mayor oferta que demanda, en España sobran puestos escolares y las familias van aumentando su nivel de exigencia con respecto a lo que esperan de la escuela. Esta realidad aparece con mucha claridad en las épocas en las que las diferentes escuelas, sean de la titularidad que sean, llevan a cabo sus iniciativas de *marketing* con el fin de captar alumnos. La familia se ha convertido en un cliente exigente que tiene muy claro lo que busca y que analiza con detenimiento lo que cada una de las escuelas le ofrece. Quizá no seamos conscientes del cambio que se ha producido en esta nueva dinámica de la relación escuela-familia. Un motivo más para aumentar la sensación de presión en la que a veces se instala el profesorado. Ha aparecido la competencia entre escuelas. Y unas se miran a otras en busca de lo que les falta.

Politización, rigidez y burocracia. Es de dominio público que, en la historia reciente de España, los debates políticos sobre la situación y los proyectos educativos constituyen un elemento de confrontación política entre quien esté en el Gobierno y su oposición. Fruto de ello ha sido la serie de propuestas de reformas educativas que se han sucedido desde el inicio de nuestra etapa democrática. La conclusión es que la educación nunca ha sido considerada como un asunto de Estado, sino como una de las armas que los partidos políticos utilizan para marcar sus diferencias. El tan anhelado y demandado pacto nacional por la educación no parece que tenga muchas posibilidades de convertirse en realidad.

Los argumentos que unos y otros utilizan responden más al guion predeterminado por cuestiones ideológicas que a una intención profunda de hacerse cargo de la situación y trabajar por una mejora en el medio y largo plazo. Los auténticos problemas de la educación en España quedan sepultados por argumentos demagógicos que no responden en absoluto a la realidad. De ahí que una y otra vez se vuelva sobre la dialéctica pública/concertada, como si realmente ahí residiera el problema que tenemos en la educación. Sobre estas perspectivas reduccionistas y paupérrimas siguen pesando fantasmas del pasado alimentados intencionalmente por unos y por otros con el fin de servir a su electorado. Seguimos anclados en eslóganes populistas de confrontación entre libertad e igualdad, exigencia e inclusión, calidad y universalidad, que no dan razón de la complejidad de los problemas educativos que tenemos en España.

El sistema educativo ha ido aumentando su vertiente burocrática de manera muy significativa en las últimas décadas, una manifestación más de la rigidez del propio sistema. Las causas de la burocratización son muy variadas. Una de ellas, nada desdeñable, la hemos apuntado antes: ante la sospecha constante por parte del «adulto familia», siempre dispuesto a pedir cuentas, la escuela y las propias autoridades educativas se aseguran el cumplimiento de los protocolos establecidos. Ante cualquier conflicto, elemento común en la vida de la escuela, por otra parte, la primera reacción es acudir al reglamento, cumplir lo prescrito y, sobre todo, que quede constancia de ello. El mismo proceso ocurre con los retos derivados de la atención a la diversidad. Hay que cumplir con los requisitos del diagnóstico prescrito para más tarde acudir a los medios establecidos. Esta mentalidad corre el peligro de desviar la atención del educador: lo primero que se plantea no es la necesidad educativa, sino el cumplimiento de la normativa establecida como si de ese cumplimiento derivara de verdad la atención educativa a la situación que se ha creado. A veces podemos dar la sensación de que estamos más preocupados como educadores en salvar nuestra responsabilidad que en salir al encuentro del alumno que manifiesta necesidades educativas.

b) De la educación católica en particular

La educación católica participa plenamente de las características del diagnóstico anterior. Cualquiera de nuestros educadores o de nuestras escuelas se reconocería en los rasgos que acabamos de describir en mayor o menor medida. Sin embargo, las propias circunstancias de la EC añaden algunas características que nos son propias.

A mi modo de ver, el factor más determinante de la situación actual de la EC no es ni la disminución de la natalidad ni los posibles ataques al modelo jurídico-económico sobre el que se sitúa la actividad de la EC desde principios de los años ochenta, sino más bien la *debilidad institucional de aquellas organizaciones que fundaron, inspiraron, desarrollaron y extendieron lo que hoy llamamos «colegios católicos»*. Una debilidad institucional que podemos concretar en su doble vertiente. Una primera cuantitativa, manifestada en la falta de recursos humanos debido a la falta de vocaciones. Cada vez hay más centros de la EC sin presencia de religiosos, y otro buen número con presencia de comunidades de religiosos mayores sin responsabilidades directas sobre el centro. A esto se añade el constante goteo de instituciones que abandonan directamente la responsabilidad sobre las escuelas y las traspasan a otras instituciones o fundaciones.

Pero esta debilidad institucional tiene también una vertiente más cualitativa: ¿son de verdad los religiosos los que están a la vanguardia y el liderazgo de lo que está ocurriendo en la EC como sí lo fueron desde los inicios de las diferentes tradiciones educativas hasta hace apenas unos decenios? ¿Se encuentran hoy los religiosos en su propia vivencia interna, en un momento de creatividad intelectual y educativa como en cualquiera de aquellos mejores tiempos en el pasado? ¿Qué papel está jugando la preocupación por el control en los procesos de transformación que se están llevando en las organizaciones de las diferentes redes de centros?

Toda generalización es reduccionista, y la situación de las diferentes Órdenes y congregaciones es tan diversa como lo es la misma realidad de la vida religiosa en este momento de la vida de la Iglesia; sin embargo, el contacto con la misma vida de la EC muestra a las claras que en mayor o menor medida esta debilidad institucional está marcando de manera muy significativa la situación del presente, pero sobre todo del futuro. No cabe la menor duda de que la participación de los laicos en los diferentes proyectos educativos de la EC constituye uno de los signos de los tiempos más esperanzadores de la vida de la Iglesia; estamos ante un verdadero cambio en la participación de los laicos en esta parcela tan significativa de la misión evangelizadora de la Iglesia, pero lo que puede ser una grandísima oportunidad puede también entrañar, como la misma historia nos muestra, peligros muy importantes y no precisamente causados por los mismos laicos, sino por el modo y la manera en que las instituciones les dan juego.

Como consecuencia de esta debilidad institucional se ha producido una ruptura en dos procesos esenciales del funcionamiento de la EC: el proceso de *gobierno* y el de la *tradición*. En el primer caso, hasta hace apenas unas décadas, el gobierno de los colegios católicos estaba perfectamente integrado en el gobierno de la propia provincia de los religiosos por medio del triángulo provincial con su consejo y su capítulo, director religioso del centro educativo, que incluso ejercía de superior de la comunidad, y la comunidad religiosa local. Estas eran las tres instancias que interactuarán en el gobierno de los centros educativos católicos hasta no hace mucho. Los dos polos más relevantes eran, sin duda, el provincial y el director del centro. La constitución de la comunidad dependía de las decisiones de ambos, y su intervención en el colegio se producía más bien al dictado de lo que mandaban.

En los últimos años nos encontramos con que tanto la dirección del colegio, en manos mayoritariamente de laicos, como la comunidad habitada por religiosos de edad muy avanzada, cuando no ya ausentes totalmente de la obra educativa, ya no ocupan el lugar de antaño. Es más que evidente que los directores laicos en la actualidad no poseen ni de lejos el poder que tenían los religiosos. Esto ha hecho que entre el gobierno general de la provincia –provincial, su equipo y el capítulo– y los centros educativos católicos hayan surgido estructuras de gobierno centralizadas que están asumiendo cada vez más el auténtico poder de decisión sobre los centros. Estas estructuras, con presencia significativa de laicos en muchos casos, adoptan diferentes nombres –equipos de titularidad, comités de dirección, etc.–, pero su esquema de funcionamiento es el mismo. Esto trae como consecuencia un alejamiento de los religiosos de la vida de los colegios, incluso de los mismos capítulos provinciales, que se limitan en ocasiones a aprobar planes o balances de proyectos, pero que pierden la conexión directa. Estas estructuras están trayendo en algunos casos una cierta profesionalización que también era necesaria, pero que corre el peligro de ser entendida solo como una pura gestión falsamente empresarial, muy centrada en lo material. Para el buen funcionamiento de este modelo organizativo es necesario multiplicar los documentos, los reglamentos, los procesos, incluso otros órganos de asesoramiento o validación, con el peligro de instaurar un modelo «de arriba abajo». Especialmente peligroso es colocar el deseo de control y validación de todo como elemento nuclear de estas nuevas estructuras: ante la preocupación por la identidad se pretende que esta se haga presente por la omnipresencia de las estructuras centrales.

En el caso del proceso de la tradición observamos también una ruptura del modelo sobre el que residía la transmisión del carisma educativo. Este esquema, dato verdaderamente relevante, tenía su inicio en la experiencia de fe. Todas y cada una se las tradiciones educativas de la educación católica nacieron de la experiencia de fe de alguien, su fundador, que se sintió urgido por esa misma fe para trabajar en el campo de la educación, en la mayoría de los casos, especialmente en ámbitos de necesidad y carencias. La tradición educativa se transmitía en el seno de una vivencia común de la fe en el contexto de la vida de la comunidad religiosa, una comunidad de fe y de vida que se constituía en comunidad de misión. Los documentos que contenían la verbalización de esa tradición educativa eran los mismos documentos de la vida de los mismos religiosos (constituciones, reglas de vida, etc.).

Es cierto que los «laicos de la primera hora» han tenido la oportunidad vivir en cierta medida una experiencia directa de una comunidad religiosa como elemento predominante de la vida del centro, pero esta situación hoy ya no se produce. Donde todavía existe una comunidad residiendo en el centro educativo, esta ya no constituye el eje sobre el que gira la vida escolar, más bien tiene que ser informada de lo que va ocurriendo, en muchas ocasiones a toro pasado.

Esta situación ha llevado a la necesidad de producir y multiplicar documentos que expliquen de una manera sistematizada en qué consiste la propia tradición educativa con el peligro subsiguiente de que la transmisión se convierta en una comprensión racional más o menos ilusionante. En cualquier caso, esa transmisión no se lleva a cabo en el contexto de una fe compartida. He aquí la ruptura del proceso de *traditio*. Más bien se trata de una formulación sistematizada que se presenta para su estudio, comprensión y asimilación.

Todos sabemos que un carisma es, en primer lugar, una experiencia personal que solo en un segundo momento cristaliza en una formulación. Hasta hace unos pocos decenios, los religiosos se incorporaban a una comunidad de fe y de vida que se convertía en comunidad-misión, y era en ese contexto donde se producía la *traditio*. Esa dinámica se quebró. No se trata de lamentarse, sino de afrontar el reto con una visión realmente creativa, partiendo de la base de que en esta nueva situación hay algún hálito del Espíritu que debemos saber escuchar. La transmisión de un carisma se juega en la correcta conjugación del binomio vivencia/formulación. No cabe duda de que hoy nos estamos decantando por el segundo y se ha abierto una brecha con el primer polo del binomio. Corremos el peligro de quedarnos en un nivel descriptivo/racional, alejados de una comunicación más vital/experiencial. Lamentablemente, es evidente que los que llegan hoy a la educación católica ya no se «incorporan» a una comunidad homogénea marcada por una profunda relación fe-educación.

A la luz de estas consideraciones, es más que natural que la preocupación por la identidad esté emergiendo, yo diría que por fin, con gran fuerza entre las inquietudes de aquellos –hombres y mujeres– que tienen responsabilidades en los avatares de la EC.

Hasta aquí la propuesta de diagnóstico tanto de la situación de la educación en general como de la EC en particular. Me siento en plena sintonía con esta pequeña selección de las aportaciones de estos autores, y creo sinceramente que nos marcan con claridad el camino para establecer el sentido que la educación y la escuela deben aportar en estos momentos tan especiales que estamos viviendo:

. – Debemos recuperar el registro de la pedagogía, expresión de una reflexión filosófica que, partiendo de la antropología, nos muestre el profundo sentido del educar. No será la innovación didáctica sin más la que nos capacite para poner las bases de una humanidad capaz de vivir humanamente, valga la redundancia, no solo el horizonte actual, sino el venidero. A nadie se le escapa la magnitud del cambio cultural en el que estamos inmersos. La preeminencia de la reflexión filosófica y pedagógica sobre la psicología y la didáctica.

– Solo desde ahí la escuela podrá empoderarse frente a tanta presión interesada y cortoplacista. Porque solo desde ahí la escuela recuperará la autoridad que necesita, la que siempre pretendió tener y la que siempre deberá tener. No nos referimos a escuelas autoritarias basadas en mecanismos de poder y de manipulación, sino a escuelas centradas en su aportación más primigenia: aportar sentido.

– Se trata entonces de encontrar el lugar propio de la escuela, construido desde su mismo ser imaginado en el seno de la dinámica educativa, base fundamental de nuestra especie cuyo elemento más específico es el de ser una especie cultural.

– En el caso particular de la EC, no estamos en el fin del mundo, pero sí en el *fin de un mundo*. El género de esta descripción no pretende ser apocalíptico, pero sí profético: es imprescindible que tomemos nota con radical lucidez de la situación y que la verbalicemos llamando a las cosas por su nombre. No podemos seguir tomando decisiones como si nada hubiera pasado. Una invitación, por tanto, a mirar el escenario desde ópticas radicalmente distintas. Como muestra, un botón: una determinada institución responsable de varias decenas de colegios en España presentaba la reestructuración de las comunidades, o sea, el plan inexorable de cierre de comunidades en los próximos años, como una «poda».

– Cuando algo muere, es que algo nace. Necesitamos una lectura de lo nuevo dejando de interpretar la historia desde la pérdida. No es el lugar para profundizar en una lectura más que necesaria de los signos de los tiempos, pero me permito señalar dos: la democratización de los carismas educativos fundacionales y las nuevas sensibilidades culturales que se abren en torno a la revalorización de la persona y del individuo. No, no todo está perdido, ni mucho menos, porque hoy, como en cualquier momento de la historia, el carisma de la EC manifiesta su fecundidad.

– Frente a los grandes retos a los que se enfrenta la educación, la EC posee unos recursos inmejorables. Solo hay que descubrirlos, situarse en sus principios fundacionales y ponerlos a trabajar. Recorriendo todos y cada uno de los rasgos descritos, emergen con fuerza todos esos recursos: una potente y fecunda idea de persona, una concepción de la educación centrada en la fuerza y potencia de la vocación como medio de desarrollo de lo mejor de la persona, una visión global de la escuela que permite superar la fragmentación, etc.

2. Lo que aporta la perspectiva de la sostenibilidad

En los debates sobre la situación de la EC y sus retos se da una gran variedad de perspectivas. Algunos, en su ingenuidad, siguen planteándose cómo asegurar la presencia de los religiosos en los colegios o por lo menos la supervisión de lo que allí ocurre; otros, vista la imposibilidad de ese primer objetivo, pasan a preguntarse cómo mantener el control del devenir de los centros por parte de los religiosos; hay quien sigue empeñado en incitar constantemente a la innovación con el fin de responder a las nuevas exigencias que presumiblemente plantea la educación, y no falta quien pone todo su interés en la preeminencia y prevalencia de «lo pastoral».

Mi propuesta es adoptar la perspectiva de la sostenibilidad como el instrumento conceptual más adecuado a la hora de arrostrar los retos fundamentales que tiene planteados hoy la EC. Pero ¿qué es la sostenibilidad? *El principio que mueve y está en la base de la sostenibilidad propone asegurar una adecuada respuesta a las necesidades del presente sin poner en riesgo las posibilidades del futuro.* Se trata, por tanto, de responder adecuadamente al presente, pero –añado yo– no solo asegurando las posibilidades del futuro, sino *construyendo un futuro mejor.* No se trata solo de preservar la existencia de un futuro posible, sino de que se adquiera el compromiso de construir un futuro que sea mejor que el presente. Creo que la profundización en la perspectiva de este concepto procedente de la ecología y su aplicación a los retos de la EC nos puede ser de gran ayuda abriéndonos a miradas y actuaciones mucho más fecundas.

La sostenibilidad te hace descubrir, en primer lugar, el enorme valor que encierra eso que se pretende mantener para el futuro. En el caso de la ecología, hablamos de un necesario redescubrimiento del valor de la naturaleza y de la relación intrínseca que el ser humano tiene con ella. Una mentalidad sostenible abandona la ignorancia en la que podemos estar instalados (la naturaleza es un recurso que yo consumo como si mi existencia fuera posible fuera de entrelazamiento con ella) para resituarse en la verdad de la propia existencia (no me relaciono con la naturaleza, más bien yo soy naturaleza). La aplicación de este principio a la EC nos invita entonces a replantearnos qué es para nosotros la EC, cuál es su aportación nuclear, cuál es el sentido de todos y cada uno de los ámbitos educativos de nuestras escuelas, en definitiva, qué es eso tan importante que hemos sido y somos y que deseamos vivir en su autenticidad hoy en este presente con el fin de asegurar su mejor aportación en el futuro. La sostenibilidad ecológica nos lleva de inmediato a replantearnos nuestra relación con la naturaleza hoy. La pregunta por la sostenibilidad de la EC nos debe llevar, también de inmediato, a la pregunta sobre nuestra autenticidad hoy como EC.

Así pues, la perspectiva de la sostenibilidad nos lleva inevitablemente a preguntarnos por nuestra fidelidad como EC en el presente. ¿Estamos instalados en la perspectiva de nuestra misión evangelizadora no tal como la imaginamos nosotros, sino en sintonía con la visión que la propia Iglesia tiene? ¿Cuál es la narración sobre la EC en la que estamos instalados? ¿Seguimos pensando que la gran función y justificación de la EC reside en el derecho constitucional que tienen los padres a elegir la educación para sus hijos? ¿Cuál es la aportación que la EC debe proponer a nuestra sociedad secularizada?

La preocupación por el futuro que nos plantea la sostenibilidad nos conduce de manera directa a una mirada crítica sobre nuestro presente. En el caso de la sostenibilidad ecológica, se nos invita a plantearnos, por ejemplo, si el consumo actual de un recurso como el agua o las diversas energías es el correcto. Descubriremos de inmediato que no podemos seguir con el nivel de consumo en el que estamos inmersos. En el caso de su aplicación a la EC, esta perspectiva nos lleva a preguntarnos hasta qué punto, en el presente, nuestra referencia a la hora de establecer modelos educativos y concretar las decisiones que de ello se derivan brotan de verdad de una contemplación auténtica sobre las posibilidades de nuestra identidad. Debemos preguntarnos si de verdad estamos referenciados a lo que somos o más bien buscamos el fundamento y la razón de nuestro modo de construir educación en factores externos derivados de las exigencias sociales. De otro modo: la perspectiva de la sostenibilidad nos invita cambiar la mirada sobre el presente.

De este modo, el futuro no solo aparece como un criterio ético para las decisiones del presente, sino que se nos invita a liberarnos de las formas en las que hemos estado instalados en el pasado reciente. La sabiduría de nuestro añorado Quino viene en nuestra ayuda. Entra Mafalda en la habitación de su madre y la encuentra en el tocador, frente al espejo, maquillándose, en un intento de reconstruir su imagen. Mafalda le pregunta: «¿Maquillando los yas para que parezcan todavías?». Pues eso, la perspectiva de la sostenibilidad nos exige renunciar a las decisiones basadas en los todavías residuales que no hacen más que maquillar los restos de un pasado que no volverá, como si fueran de verdad las mejores opciones. Todavía hay religiosos y religiosas que pueden hacerse presentes en los centros, a veces varios, encarnando esa figura de «titulares». ¿Realmente ese modelo es sostenible? ¿Se está tomando esa decisión pensando en el futuro o más bien seguimos «estirando» determinados esquemas del pasado que «todavía» podemos mantener, pero cuya caducidad tiene fecha casi inmediata? Los ejemplos se podrían multiplicar.

La sostenibilidad es un sustantivo, pero su necesaria aplicación lo debe convertir en adjetivo: de la sostenibilidad debemos pasar a «lo sostenible». Este es su lugar: aplicar el criterio de sostenibilidad nos debe llevar a *tomar decisiones sostenibles*, es decir, que respondan a las necesidades del presente, pero que aseguren su eficacia en el futuro. La pregunta se vuelve muy concreta: ¿estoy tomando decisiones ligadas a paradigmas del pasado porque «todavía» puedo mantener retazos de él o más bien estoy proponiendo caminos que van a responder al compromiso con el futuro? Nos encontramos, evidentemente, ante un enorme reto de creatividad. Pero para situarnos de manera consciente en ese lugar necesitamos ganar en libertad.

Como se puede apreciar, la aplicación del criterio de sostenibilidad nos permite, por una parte, huir del presentismo, tomar decisiones bajo la presión de las urgencias inmediatas tan numerosas y tan acuciantes, y al mismo tiempo preparar el futuro. Detrás de esta dinámica se esconde una verdad profunda que los educadores sabemos desde siempre: no se debe sacrificar el presente en aras de un futuro deseado (aquella falsa visión de la educación que consideraba el período educativo como una preparación para la vida adulta sin responder a las necesidades evolutivas del alumnado en cada momento de su trayectoria vital), sino que la mejor manera de preparar el futuro consiste en responder en plenitud a las necesidades evolutivas de cada presente. El futuro se juega en el acierto del presente. Cuanto más cabalmente somos capaces de responder al presente, mejor futuro estamos preparando.

Hablábamos en la presentación de la necesidad de disponer de mapas que nos ayuden a transitar por el territorio. Pues bien, ¿cómo abordar la compleja realidad de nuestras escuelas desde la perspectiva de la sostenibilidad? El camino que propongo se concreta en tres momentos de reflexión: el primero aborda la *sostenibilidad del proyecto;* a partir de ahí, en un segundo momento, nos abrimos al análisis de la *sostenibilidad de las personas,* y, en tercer lugar, habrá que abordar *la sostenibilidad de la organización.*

Cuando hablamos de sostenibilidad del proyecto queremos responder a las siguientes preguntas: ¿cómo orientar hoy la configuración de nuestras escuelas para que sean el fiel reflejo de los ideales educativos de la tradición educativa católica?, ¿qué dinámicas podemos poner en marcha en nuestros colegios para que el proyecto se encarne en todos y cada uno de los ámbitos de la escuela de tal manera que esas dinámicas se mantengan en el futuro y sigan generando sucesivas versiones del modelo educativo que respondan las necesidades de cada momento? Cuando hablamos de proyecto, lo explicaremos más adelante, no nos referimos a las grandes declaraciones de nuestros idearios, sino a la configuración concreta de la escuela que queremos poner en pie a partir de nuestra propia visión de la educación.

Si la sostenibilidad del proyecto se sitúa en el *qué* queremos educar, la de las personas nos introduce en el *quién* educa: ¿qué dinámicas debemos poner en juego para asegurar la adecuación de nuestros educadores al proyecto que queremos desarrollar?, ¿cómo trabajar con ellos desde su incorporación para que ese proyecto se haga realidad?

Por último, restará abordar el *cómo*, preguntándonos por la sostenibilidad de la organización, es decir, cuáles son los modelos organizativos que mejor pueden conseguir en el presente y en el futuro que el proyecto se haga realidad como propuesta educativa para todos nuestros alumnos.

Defiendo que el orden es este que acabo de apuntar. Primero el proyecto, después las personas y en tercer lugar la organización. En numerosas ocasiones he preguntado en sesiones de formación a educadores de la EC cuál creen que es el elemento central nuclear que hay que trabajar para poner en pie un auténtico centro católico. En la mayoría de los casos, la respuesta señala a las personas. Mi comentario no se hace esperar: de acuerdo, ya tenemos un buen grupo de educadores, ¿son ellos los que pueden decidir autónomamente por qué derroteros debe moverse el colegio? En mi opinión, lo que realmente funciona como principio y fundamento es un proyecto educativo poderoso, bien definido y bien arraigado en la esencia de la misión educativa de la Iglesia. Una vez que el proyecto está bien establecido se inicia la búsqueda de los mejores educadores cuya vocación vibre y hasta se inflame al contemplar la fuerza innovadora de ese proyecto. No se trata de contratar, sino de incorporar. En cuanto a la organización, poca duda cabe de que es necesario plantearla en un tercer lugar, pensando en ella como el mejor marco posible para que las personas desarrollen ese proyecto como propuesta educativa real y concreta. Creo que uno de los problemas que tenemos consiste en que abordamos cada uno de estos tres elementos por separado y no secuencialmente, como el rigor intelectual nos marca. Esta tentación es especialmente peligrosa en el caso de los modelos organizativos. No se piensan desde los dos primeros pasos, el proyecto y las personas, sino desde modelos organizativos a menudo procedentes de otros ámbitos lejanos a la educación.

3. Tres criterios clave para el camino

Afrontar el camino de la sostenibilidad como criterio de proyectos y decisiones se hace siempre con un determinado bagaje y su diferente configuración marcará sin duda el propio camino. Por eso me permito ofrecer tres criterios que aseguren una adecuada perspectiva.

a) Retomar el «esquema fundacional»

En los orígenes de las diferentes tradiciones de la EC en los últimos siglos siempre encontramos el mismo modelo: la educación católica nació de una persona o de un grupo de personas que, desde la experiencia personal de vivirse como discípulos del Maestro, llegaron a la misión de ser a su vez ellos maestros, urgidos por las necesidades y carencias del presente que vivían. Este segundo paso me parece de capital importancia. Nuestros fundadores no se limitaron a criticar el presente, sino que llevaron a cabo una «lectura misericordiosa» de él en busca no tanto de un juicio condenatorio, sino de esas necesidades profundas de sus contemporáneos, a menudo no explicitadas, y a las que querían dar respuesta. De ese encuentro entre la vivencia y visión que proporciona la fe y las necesidades del presente, muy en especial representadas en la siempre punzante situación de los más necesitados, nació una propuesta educativa verdaderamente innovadora.

Por eso podemos hablar de un «esquema fundacional» en tres pasos: desde la experiencia de fe se lleva a cabo una lectura misericordiosa del presente, y esa dinámica conduce a la creación de un modelo educativo innovador. El punto de partida de este esquema fundacional es sin duda la fe en una doble vertiente; en primer lugar, porque moldea el ser y el hacer del educador cristiano, que se mira en el espejo de la pedagogía de Dios y en el Jesús Maestro, y, en segundo lugar, porque esa misma fe provee de un bagaje fundamental en educación: una visión de la persona y del mundo capaz de dar sentido profundo a toda la complejidad de la vida humana.

Pertrechados con ese bagaje procedente de la experiencia del educador cristiano en su ser y en su hacer, se sale al encuentro del presente no para buscar lo que ese presente exige y pide, con el fin de construir una propuesta educativa de éxito, sino para leerlo en toda su profundidad carencial con el fin de constituirse en buena noticia educativa real y concreta, manifestada en un modelo de escuela nuevo e innovador. Se nos olvida que este esquema fundacional produjo toda una serie de modelos de escuela, en muchos casos revolucionarios, que eran percibidos por la sociedad como una auténtica nueva escuela. La gran virtualidad de rescatar este esquema fundacional reside en que asegura una conexión natural entre identidad e innovación y rompe con esa dicotomía tan presente en nuestras dinámicas de la EC en las que se aborda, por un lado, la necesidad de innovación y, por otro, la necesidad de mantener una pretendida identidad. Cuando la identidad ya no es una fuente inspiradora constante de la escuela que le lleva a una recreación viva, sino que se convierte en algo más bien del pasado que hay que «mantener», es que estamos ya desconectados de nuestra razón de ser. No tenemos más que preguntar cuáles son las fuentes a las que acudimos para poner en marcha nuestros planes de innovación.

En cualquier caso, este «esquema fundacional» no es muy distinto del que presentan los grandes pedagogos que, en el ámbito secular, han promovido importantes innovaciones educativas. Es el caso, por ejemplo, de Giner de los Ríos cuando afirma que

> lo que España necesita y debe pedir a la escuela no es precisamente hombres que sepan leer y escribir; lo que necesita son «hombres», y el formarlos requiere educar el cuerpo tanto como el espíritu, y tanto o más que el entendimiento, la voluntad. La educación es el arte de formar hombres libres, y en ella residiría el verdadero impulso hacia el ideal de la humanidad mediante una transformación y progreso social gradualista, pacífico y armonioso.

Su punto de partida es, sin duda, una antropología –cuerpo, espíritu, entendimiento, voluntad– que debe ser llevada hasta su ideal de realización plena en libertad y que, educada de ese modo, producirá el necesario cambio social. Y solo cuando esa profunda visión de lo que es la educación está clara y definida, se acude a la innovación educativa, introduciendo en la escuela nuevos modos y maneras que, de alguna manera, encarnan ese ideal de persona y de mundo deseado[26].

Recuperar el «esquema fundacional» como un criterio clave a la hora de trabajar por la sostenibilidad de la EC permite situarnos en la conexión con nuestra razón de ser y situar las posibles innovaciones pedagógicas en un marco más profundo de sentido de la misión educativa.

---

[26] En el caso de Giner de los Ríos la Institución Libre de Enseñanza constituye el fiel reflejo de su ideal de persona y de sociedad: una escuela laica para una sociedad laica, una escuela libre de dogmas para una sociedad libre, una escuela activa para una sociedad participativa, etc.

b) Releer el magisterio de la Iglesia

El magisterio de la Iglesia en materia de educación es claro, rico y profundo. Proporciona orientaciones precisas sobre el ministerio de la educación en el seno de la vocación evangelizadora de la Iglesia y, sin embargo, es muy poco frecuentado por amplios sectores de la educación católica, hasta el punto de que en ocasiones nos encontramos con dos discursos paralelos. Me refiero al magisterio que se abrió con *Gravissimum educationis,* del Vaticano II, y que tuvo su culmen en el magno documento *La Escuela Católica,* de 1977, un documento que se inscribe en la estela de otro de los grandes momentos del magisterio posconciliar: *Evangelii nuntiandi,* y que debería ser de obligado estudio por todos aquellos que tienen responsabilidad sobre los avatares de la educación católica. Todos los documentos posteriores, hasta el muy reciente *La identidad de la escuela católica para una cultura del diálogo,* no han hecho más que desarrollar y actualizar aquellas profundas intuiciones:

> La Iglesia crea sus propias escuelas, porque reconoce en la escuela un medio privilegiado para la formación integral del hombre, en cuanto que ella es un centro donde se elabora y se trasmite una concepción específica del mundo, del hombre y de la historia (EC 8).
>
> Un atento examen de las distintas definiciones en curso y de las tendencias renovadoras permite formular un concepto de escuela como lugar de formación integral mediante la asimilación sistemática y crítica de la cultura. *La escuela es verdaderamente un lugar privilegiado de promoción integral mediante un encuentro vivo y vital con el patrimonio cultural* (EC 26).
>
> Si la Escuela Católica, como todas las demás escuelas, tiene por fin la comunicación crítica y sistemática de la cultura para la formación integral de la persona, persigue este fin

dentro de una visión cristiana de la realidad «mediante la cual, la cultura humana adquiere su puesto privilegiado en la vocación integral del hombre (EC 36).

No es este el lugar para desarrollar un estudio más pormenorizado y profundo del magisterio, por muy necesario que sea. Basta con esta pequeña selección de textos, y muy especialmente el subrayado del n. 26, para situar cuáles son los dos grandes criterios de la educación católica. El primero de ellos se refiere a la educación integral, es decir, la consideración de la persona en la totalidad de sus dimensiones, huyendo de dos grandes peligros: por una parte, el reduccionismo a las dimensiones más pragmáticas, silenciando dimensiones más profundas, como la espiritual o la ética, y, por otra parte, la educación fragmentada en la que se educan de manera inconexa realidades personales como la vida afectiva y la dimensión ética o racional sin una visión armónica y jerarquizada de la vida de la persona.

El segundo pilar que se deriva de esta definición viene explicitado en el n. 8 que acabamos de citar. En efecto, la escuela es, en primer lugar, una institución cultural donde se «elabora» y se «transmite» cultura. Estamos en el terreno de la puesta en acto del diálogo fe-cultura. Antes lo decíamos, la fe aporta una visión cristiana de la realidad que, lejos de ser materia oscura o del pasado, proporciona un horizonte de comprensión de la experiencia humana en su totalidad. Esta misión de la educación católica no se lleva a cabo al margen de la actividad que le es propia, el ámbito curricular, sino por medio de él. Utilizando frases del magisterio, afirmamos que la cultura humana, es decir, aquello que se enseña, debe quedar iluminada por la fe, que su referencia a la concepción cristiana de la realidad debe ser constante en un movimiento en el que la razón entra en diálogo con la fe. En este contexto tienen cabida determinados procesos pastorales, pero en ningún caso la pastoral es ni la justificación ni la esencia de la educación católica como determinadas orientaciones pueden dar a entender en algunas ocasiones. Llama poderosamente la atención las pocas veces que la expresión «pastoral escolar» aparece en los documentos del magisterio (véase en particular el documento *Dimensión religiosa de la educación en la escuela católica*, de 1988).

Esta segunda fuente de recursos que emanan del magisterio apunta no solamente a la necesaria focalización en el sentido de lo que se enseña, sino también al cómo se enseña, al conocimiento y, por qué no, también a la creación de los saberes pedagógicos y didácticos acordes con la propia evolución del pensamiento educativo.

Tener bien interiorizada esta visión clave de la EC –educación integral y diálogo fe-cultura– aporta un criterio fundamental a la hora de embarcarnos en el trabajo por la sostenibilidad de la EC.

c) Un mapa: antropología, pedagogía, psicología y didáctica

Las reflexiones anteriores nos llevan a plantear un tercer criterio útil para afrontar el reto de la sostenibilidad. Hemos visto que tanto el esquema fundacional propio de la EC como el que dio origen a otras importantes innovaciones en la historia de la educación partían de manera explícita de una determinada visión de la persona, de tal modo que es la antropología la que se constituye en la fuente primigenia de la actividad educativa, aunque no seamos del todo conscientes de ello. Ahí, en la antropología, se inicia un recorrido que nos lleva hasta la didáctica, último nivel de concreción, pasando por la pedagogía y por la psicología. Es el recorrido que lleva a cabo toda propuesta educativa de tal manera que en cada acto educativo se ponen en juego de algún modo cada una de estas cuatro disciplinas.

– La *antropología* es el ámbito de la cosmovisión, de la concepción del mundo y de la persona. Su registro es el de la racionalidad de la filosofía. Su carácter es la globalidad, que aspira a abarcar en armonía todos los elementos de la experiencia personal y social y se concreta en un gran relato de la vida humana tanto personal como social, como una propuesta de sentido.

– La *pedagogía* es el ámbito de la reflexión sobre la educación como realidad humana radical en todos sus niveles y campos; esto es, qué es educar en el contexto de los fenómenos culturales de una determinada sociedad, y se concreta en el análisis de los procesos de transmisión, los agentes educativos, etc. Su característica principal es que proporciona un marco de comprensión de la educación a partir de la antropología. Si la antropología define a la persona como un ser relacional, la pedagogía afirmará con rotundidad que la educación es básica y radicalmente relación[27].

– La *psicología*, por su parte, describe el funcionamiento de la persona. Para lograrlo, construye esquemas de comprensión de la psique humana desde una racionalidad basada en el método científico, por medio de la elaboración de teorías que van siendo falsadas o refutadas en el encuentro con la realidad. La psicología está en constante

---

[27] El estatus propio de la pedagogía queda perfectamente reflejado en la obra de F. März: «La pedagogía depende de la filosofía y se apoya en la psicología. Aquella muestra la meta de la formación ocupándose del hombre en su totalidad» (cf. F. MÄRZ, *Introducción a la pedagogía*. Salamanca, Sígueme, 2009, pp. 17-34).

evolución, y las sucesivas teorías van matizando o completando las anteriores.

– Por último, a la *didáctica* le corresponde concretar el itinerario educativo referido a los procesos de enseñanza-aprendizaje y lo hace a la luz de las tres disciplinas anteriores. Su carácter es práctico y concreto porque su finalidad es elaborar programaciones específicas para desarrollar los diferentes actos educativos.

Cualquier reflexión educativa que pretenda elaborar un nuevo proyecto de escuela debe estar dispuesta a beber armónicamente de cada una de estas fuentes. Toda didáctica asume una determinada psicología y, a su vez, conlleva una determinada visión sobre cuáles son las grandes finalidades de la educación definidas por la pedagogía, y, por supuesto, una determinada visión sobre la persona y su integración en este mundo. El problema puede surgir cuando, de manera consciente o inconsciente, se rompe esta cadena conceptual. Un somero análisis de las modas innovadoras nos muestra que la educación en la actualidad está prisionera del binomio psicología-didáctica. En las últimas décadas parece que la psicología se ha convertido en la gran canalizadora de las modas innovadoras en el campo de la educación, lo que conlleva el riesgo de no ponderar lo suficiente el lugar que le corresponde a la antropología y a la pedagogía en dicho proceso. Por poner un ejemplo, en los últimos tiempos se ha producido la emergencia del valor de las emociones desde una perspectiva psicológica, lo que se ha traducido en programaciones de educación emocional, que a menudo pasan por alto la importante conexión e interacción que existe entre la vida afectiva y los demás elementos constitutivos de la persona, como pueden ser la ética, el sentido de la vida o la construcción de un proyecto de vida. Es decir, se absolutiza sin matices la teoría psicológica sin que haya ninguna instancia superior que pueda enmarcarla al servicio de la educación.

Un ejemplo paradigmático de este proceso reduccionista lo tenemos en la irrupción de la teoría de las inteligencias múltiples que fue abrazada por amplios sectores de la EC, como la gran fuente de innovación sin duda porque proporcionaba un instrumento para articular de una manera concreta nuestro ideal de educación integral. Sin embargo, con el paso del tiempo alguien se percató de que en las ocho inteligencias que Gardner proponía en sus orígenes[28] quedaba desdibujada no ya la dimensión espiritual y religiosa, sino la misma manifestación en la inteligencia de la búsqueda de sentido. Si la teoría psicológica de las inteligencias múltiples se hubiera abordado críticamente desde la antropología cristiana, se habría aprovechado lo que esta teoría nos puede aportar (una visión renovada de la inteligencia desde la diversidad, una manera de adentrarnos en el reto de la educación integral, etc.), pero sin absolutizarla y adaptándola desde el principio a nuestra propia visión de la educación integral.

Las consecuencias de este reduccionismo pueden ser considerables para el mundo educativo en general, pero muy en particular para la EC. La psicología, y en la actualidad también la neurociencia, avanza y nos proporciona nuevas e importantes aportaciones, pero en ningún caso debería condicionar y definir cuáles deben ser las grandes finalidades de una educación que se basa en una visión de la persona y del mundo arraigada en el Evangelio.

No me resisto a traer a colación otro ejemplo de este dominio de la psicología y la didáctica. El bilingüismo apare-

---

[28] H. GARDNER, *Las inteligencias múltiples*. Barcelona, Paidós, 1993.

ció como el gran proyecto de innovación necesario e imprescindible si no queríamos perder el tren de la competitividad. Además de los errores que esta moda produjo en la contratación de determinados profesores, en algunos casos el modelo llevó a tutorías compartidas en Primaria. La presión de la didáctica nos lleva a determinar algo tan absolutamente esencial en el proyecto de la EC como es la tutoría.

Como se puede comprobar, no estamos ante un tema teórico, sino extraordinariamente práctico: debemos asumir la disciplina de situarnos siempre en la antropología y la concepción educativa que de ella se deriva, y desde esa posición acudir a las sucesivas propuestas que nos lleguen de la psicología o de la didáctica, integrando lo que ellas nos puedan aportar para el mejor desarrollo de nuestro proyecto.

Un pequeño ejercicio de recorrido por este mapa nos mostrará con claridad hasta qué punto este rigor puede resultar de verdad fecundo y profundamente innovador. Si nos situamos en el punto de partida, la *antropología*, la visión cristiana de la persona, nos dice que en cada uno de los seres humanos reside un valor y dignidad únicos e inviolables, porque en su origen está la voluntad del Dios amor que deposita en cada uno de nosotros un tesoro inigualable a la espera de ser desplegado en un proyecto de vida. Una persona, por tanto, irreductible a cualquiera de sus manifestaciones que necesita ser contemplada como una realidad compleja e integral. Este profundo deseo de sentido y de realización personal, sin embargo, convive con nuestra labilidad. Desde esa doble condición, el ser humano solo encuentra su desarrollo en el «ex-istir» (salir de sí) en el encuentro con el otro. Somos seres radicalmente relacionales.

Tal como afirma Lluís Duch, «toda buena antropología debería ser en realidad una praxis pedagógica»[29]. Si la persona posee esos rasgos, ¿qué significa entonces educar? La *pedagogía* responde: acompañar en la búsqueda de la propia vocación, establecer relaciones poderosas y abrir el acceso a las mejores fuentes de sentido. Es lo que encontramos en determinadas tradiciones u orientaciones pedagógicas, como es el caso de Paulo Freire[30] o Maria Montessori[31], en la que se deja traslucir su propia espiritualidad, Lorenzo Milani[32] o la misma Edith Stein[33], además de los ya citados anteriormente. Educar significa luchar contra el vacío: «El vacío tiene dos direcciones, que a menudo convergen; ambas resultan terribles si aparecen en toda su radicalidad: la ausencia de sentido y la ausencia del otro»[34]. De esta manera, además, nos alejamos de otras pedagogías que se han demostrado ser profundamente dañinas, como es el caso de las herederas de Rousseau[35], cuya estela de superficialidad sigue por desgracia presente entre nosotros.

---

[29] Ll. Duch, *La educación y la crisis de la modernidad*, o. c., p. 11.

[30] Una propuesta pedagógica bien sintetizada en su lema «nadie educa a nadie, nadie se educa a sí mismo, los hombres se educan entre sí con la mediación del mundo».

[31] «Nuestro objetivo en la educación de la primera infancia no consiste en dar una cultura, sino en ayudar al crecimiento». Cf. C. Di Stefano, *El niño es el maestro. Vida de María Montessori*. Barcelona, Lumen, 2020.

32 «Una escuela que selecciona destruye la cultura. A los pobres les quita el medio de expresión. A los ricos les quita el conocimiento de las cosas. Pero Dios ha protegido a sus pobres. Los queréis mudos y Dios os ha hecho ciegos». Cf. L. Milani, *Carta a una maestra*. Madrid, PPC, 2018.

[33] «La formación no radica en almacenar una cantidad enorme de datos, sino que la persona adquiera una configuración propia» (F. Torralba, *Formar personas. La teología de la educación de Edith Stein*. Madrid, BAC, 2020, p. 80).

[34] J.-C. Mèlich, *La fragilidad del mundo. Ensayo sobre un tiempo precario*. Barcelona, Tusquets, 2021, p. 23.

[35] «El libro que fundó la educación moderna, *Emilio*, de Rousseau, es un alegato en contra de la memoria y de la lectura. Emilio no leerá ningún libro

Es la visión sobre la educación la que nos va a permitir asomarnos al mundo de la *psicología* con el fin de buscar las mejores alianzas. Nuestras preferencias se dirigirán hacia aquellas propuestas psicológicas que no sean reduccionistas, sino que puedan dar razón más cabal del carácter integral del desarrollo humano. Ahí nos encontraremos con las psicologías humanistas: Viktor Frankl, Carl Rogers, Erich Fromm, Abraham Maslow, etc. Pero también con una buena integración y utilización de las propuestas que nos puedan llegar de las inteligencias múltiples al servicio de la educación integral. Incluso la misma neurociencia[36] nos puede ser de utilidad al poner de relieve una visión mucho más holística del proceso de aprendizaje en la que se hacen presentes elementos afectivos y relacionales frente a otras visiones del aprender más centradas en lo estrictamente racional, como pudo ser el modelo constructivista, quizá excesivamente centrado en el conflicto cognitivo. Lo importante consiste en acudir a estas fuentes con un criterio educativo bien fundamentado que nos permita aprovechar e incorporar nuevos elementos procedentes del desarrollo de la psicología, pero sin caer en la absolutización reduccionista.

De esta manera, la *didáctica* ya no se concibe como la búsqueda de esas recetas maravillosas que consigan la transformación casi milagrosa de nuestros alumnos en el aula, sino como la concreción de todas esas visiones e in-

---

excepto *Robinson Crusoe*, y no aprenderá nada de memoria, porque lo importante en la educación es la experiencia» (*ibid.*, p. 52).

[36] «Las conexiones que el cerebro percibe como necesarias y que mantiene mejor fijadas son aquellas que incorporan aspectos emocionales [...] El cerebro se ha ido adaptando a vivir en sociedad y a aprender de la sociedad y dentro de la sociedad. Por eso los aprendizajes cooperativos son más significativos» (D. Bueno i Torrens, *Neurociencia para educadores*. Barcelona, Rosa Sensat, 2017, p. 174).

tenciones educativas que han ido apareciendo a lo largo del recorrido y que, inevitablemente, se encarnarán en formas nuevas e innovadoras.

Asumir esta secuencia del proceso educativo que camina desde la antropología hasta la didáctica, pasando por la pedagogía y la psicología, proporciona una visión imprescindible a la hora de afrontar los retos que la sostenibilidad de la EC nos plantea.

Es el momento de abordar ya con todo este bagaje el reto de afrontar los caminos de la sostenibilidad de la EC.

2

LA SOSTENIBILIDAD DEL PROYECTO

1. De qué hablamos cuando hablamos de proyecto

Muy a menudo, la expresión «proyecto educativo» es utilizada casi como sinónimo de «ideario» o incluso del llamado «carácter propio del centro». Esta visión deja recluido al proyecto en la lejana esfera de las grandes intenciones educativas en las que se leen afirmaciones tales como que «asumimos nuestra tarea educativa como una participación en la misión evangelizadora de la Iglesia», «nuestra propuesta está basada en la persona y el mensaje de Jesús de Nazaret», «queremos educar personas en armonía con su cuerpo, que cultiven su interioridad, que vivan desde la alegría, abiertas a la sociedad plural» o «educamos para construir una sociedad nueva y habitable». Este tipo de declaraciones y otras muy similares aparecen en los documentos programáticos de todas nuestras instituciones educativas, sean de la tradición que sean. De hecho, resultaría casi imposible diferenciar a qué institución pertenecen si quitáramos la referencia directa al fundador o fundadora. Y, sin embargo, no hay dos escuelas iguales, ni siquiera de la misma institución, sencillamente porque cuando hablo de proyecto no me estoy refiriendo a ese universo de intenciones, sino al modelo real y concreto de una determinada escuela.

Cuando hablamos aquí de «proyecto», nos referimos a *la descripción pormenorizada del modelo de escuela que se desea implantar en todos y cada uno los elementos que la componen y que representa el particular modo de concreción que esa escuela pretende a partir de esas grandes intenciones educativas.*

La pregunta por la sostenibilidad del proyecto no queda respondida mostrando la declaración de intenciones de una determinada escuela, sino comprobando la vida real de esa misma escuela. El proyecto solo es sostenible si se ha convertido de verdad en el elemento configurador de toda la vida de la escuela, es decir, el lugar al que acudimos a la hora de establecer los criterios que dirigen nuestras decisiones, que son muchas y muy variadas, desde la contratación de profesores hasta los mismos horarios, los espacios, pasando por los modelos de participación de los alumnos, las extracurriculares y un larguísimo etcétera. Si queremos una EC sostenible, es imprescindible *poner el proyecto a trabajar* determinando cuál es su influencia en los diferentes ámbitos de la escuela. Convenzámonos: no aseguraremos la sostenibilidad de nuestro proyecto redactando más y mejores documentos o reuniendo a nuestros profesores para explicárselo pormenorizadamente en convivencias y encuentros. Nuestro proyecto solo será sostenible si establecemos que todos y cada uno de los educadores del colegio, desde el equipo directivo hasta los profesores, pasando por el resto de monitores y educadores, asuman *el hábito de acudir a nuestras grandes intenciones educativas a la hora de tomar sus decisiones*. De nuevo estamos en un terreno muy práctico. Muy recientemente, trabajando con una determinada institución, me comentaron que estaban pensando abrir líneas de formación profesional. Ninguna de las razones que esgrimieron tenía relación alguna con la identidad de su tradición educativa; más bien se refirieron a «oportunidades» que se abrían con el auge de la formación profesional. ¿Oportunidades para qué? ¿No será que las decisiones las tomamos a partir de un simple DAFO?

2. El proyecto en los tres ámbitos de la escuela

La gran cuestión cuando llegamos a este punto de la reflexión es siempre la misma: y esto ¿cómo se hace? Para abordar esta tarea necesitamos mapas, pequeños esquemas que nos ayuden a abarcar toda la realidad de la escuela y que nos permitan ir acercando nuestro ideal educativo a cada uno de sus rincones, con el fin de definirlos desde ese ideal, de tal manera que emerja un proyecto de escuela reflejado en un determinado modelo. Y una vez establecidos esos ámbitos, ver cuál es el itinerario para que el proyecto de escuela derivado de nuestros ideales educativos se haga realidad en ellos.

A la hora de imaginar un posible mapa de lo que es un colegio, me ha gustado siempre situarme desde lo que nuestros alumnos viven. Llegan, son recibidos, siguen su horario de clases, salen a los recreos, algunos comen en el colegio, participan en actividades curriculares, entre ellas el deporte, asisten a determinadas actividades programadas desde la pastoral, hacen excursiones, conviven bajo determinados regímenes de convivencia… y en todos esos momentos viven situaciones pretendidamente educativas que se han programado en algún lugar, pero que ellos perciben de manera unificada. Si agrupáramos todas esas situaciones educativas en tres grandes ámbitos, podríamos decir que en la EC se dan tres grandes «canales» a través de los cuales pretendemos hacer llegar a nuestros alumnos toda nuestra intención educativa:

– El primero es el ámbito educativo curricular, que representa el núcleo fundamental de la escuela como agente educativo. En él encontramos todo lo que tiene que ver con el ámbito académico, marcado en primer lugar por las prescripciones emanadas de las autoridades educativas: las áreas, las propuestas metodológicas, la evaluación, la atención a la diversidad, etc. Es el canal fundamental y específico de la escuela y, por tanto, *el primer lugar que necesitamos confrontar con nuestro ideal educativo*, de tal manera que quede configurado a partir de nuestras grandes intenciones educativas a partir de nuestra propia identidad. Si esto no se produce, el proyecto no será sostenible, porque quedará reducido a otros elementos periféricos de la escuela. Esta constatación me parece de capital importancia: si en la práctica real de nuestras escuelas nuestro proyecto educativo no tiene ninguna incidencia en la configuración del ámbito curricular, el proyecto de la EC no es sostenible. Constato una y otra vez que los agentes de la EC, empezando a veces por sus propios responsables, tienen asumido que el ámbito curricular viene directamente determinado por las leyes educativas y la aplicación que de ellas hacen las autoridades competentes o, lo que es peor todavía, por el libro de texto, y que, en lo tocante a cuestiones metodológicas o didácticas, los criterios nos vienen dados única y exclusivamente por las aportaciones de la didáctica. A mi modo de ver, estamos ante el reto más importante y radical al que se enfrenta el futuro de la EC, y llama poderosamente la atención la ausencia de esta inquietud, así formulada, en los ambientes de reflexión de la EC. Hace ya tiempo que en los proyectos reales de las escuelas católicas el ámbito académico se desligó casi completamente de la fuente de nuestra identidad.

– El segundo ámbito es el ámbito educativo extracurricular; el mal llamado «extraescolar». Si llamamos extraescolar a todos los procesos educativos que se dan en la escuela y que no pertenecen estrictamente al ámbito curricular, estamos afirmando que la escuela queda reducida a lo curricular, y nada más lejos del ideal de escuela de la tradición de la EC que este reduccionismo. La EC siempre ha defendido una escuela que, dando respuesta identitaria a las exigencias de lo curricular, vaya mucho más allá, con la intención de crear un hábitat, casi una comunidad, en el que el alumno viva todo un entorno de claras intenciones educativas. Creo que la amplia y acrítica aceptación de este término es una manifestación más de cómo la EC ha ido abandonando su intención educativa en toda esta realidad de la escuela para centrarse en lo curricular. Este abandono se manifiesta en decisiones tan desviadas como ceder la gestión de todo este sector educativo a empresas externas o a las mismas asociaciones de padres, cuando no, como en otros casos, hacerla depender de la administración del colegio, prueba evidente de la visión economicista que se tiene en muchas ocasiones sobre lo extracurricular. Lejos quedaron aquellos tiempos en los que los religiosos estaban presentes también en este ámbito educativo: vigilaban el comedor, organizaban los deportes, mantenían salas de juego y bibliotecas abiertas, ellos mismos dirigían los grupos de teatro y las agrupaciones musicales, y, por supuesto, estaban presentes en los patios no solo en los recreos, sino en los tiempos del mediodía. Hoy, muchos de esos momentos están gestionados por monitores. El objetivo de estos comentarios no es la añoranza de ningún tiempo pasado, simplemente dejo constancia de que este ámbito ha sido abandonado como un espacio importante de intenciones educativas y ha derivado más hacia una necesaria gestión con el fin de ofrecer una serie de servicios que las familias reclaman para rellenar la agenda de sus hijos. De manera más sintética: lo que era todo un espacio-tiempo escolar atendido por los propios educadores y que contribuía de manera muy intensa a esa escuela-comunidad se ha convertido en una serie de «servicios» que hay que gestionar, y así reza en las páginas web de muchos de nuestros centros.

– El tercer ámbito es el ámbito educativo-pastoral. Los dos primeros son compartidos con toda clase de escuelas; este tercero es específico de la EC. Nos referimos a todas aquellas actividades que se organizan en nuestros colegios con el fin de hacer explícito el anuncio del Evangelio fuera de las dinámicas propiamente curriculares, lo que excluye de este ámbito la Enseñanza Religiosa Escolar. Conviene recordar, como ya hicimos cuando presentamos la síntesis del magisterio de la Iglesia en materia educativa, que la pastoral no es la justificación de nuestros colegios y que, por tanto, hay que buscar cuál es el lugar propio de una pastoral en el ámbito escolar.

Establecidos estos tres canales como un modo de ordenar el conjunto de vivencias educativas que proponemos a nuestros alumnos, la pregunta clave es: *¿cómo podemos conseguir que nuestro proyecto incida en cada de uno de estos tres ámbitos con el fin de que podamos construir un modelo de escuela que sea concreción y encarnación de nuestra identidad?*

a) Poner el proyecto a trabajar en el ámbito educativo curricular

Es imprescindible recuperar aquí la definición de escuela que nos ofrece el documento *La Escuela Católica* y que hemos citado anteriormente: «La escuela como lugar de formación integral mediante la asimilación sistemática y crítica de la cultura»[1]. Esta definición, auténtica síntesis del sentido profundo y de la razón de ser de la EC, nos proporciona las dos vías clave para poner a trabajar nuestro proyecto en el ámbito curricular: por una parte, nos invita a llevar a cabo una lectura de las áreas del currículo desde la perspectiva de la educación integral, y, por otra, a definir el sentido crítico que queremos dar a la parte de la cultura que transmitimos en cada una de las áreas.

Una visión de las áreas desde la educación integral

La educación integral, en sus diversas manifestaciones[2], constituye uno de los lugares comunes de todas las declaraciones programáticas en torno al derecho a la educación. El modo más adecuado para concretar ese ideal es, sin duda, acudir al concepto de las dimensiones de la persona. Al final, esa educación integral tiene que formularse de alguna manera, y la perspectiva que nos ofrece el concepto de dimensión –del latín *dimetiri,* medir algo en todas las direcciones– nos ofrece la posibilidad de contemplar toda la

---

[1] Sagrada Congregación para la Educación Católica, *La Escuela Católica,* 1977, n. 26.

[2] El ideal de la educación integral aparece siempre, aunque son expresiones diversas. «La educación tendrá por objeto el pleno desarrollo de la personalidad humana en el respeto a los principios democráticos de convivencia y a los derechos y libertades fundamentales» (art. 27.2 de la Constitución española); «La educación tendrá por objeto el pleno desarrollo de la personalidad humana y el fortalecimiento del respeto a los derechos humanos» (art. 26.2 de la Declaración universal de los derechos humanos). La Convención de los Derechos del Niño llega incluso a apuntar cuáles son las dimensiones básicas de la persona del niño, que deben ser desarrolladas por la educación citando expresamente la dimensión espiritual: «Los Estados parte reconocen el derecho de todo niño a un nivel de vida adecuado para su desarrollo físico, mental, espiritual, moral y social» (art. 27.1).

realidad de la vida de la persona, es decir, en todas sus direcciones, sin excluir ninguna.

Este objetivo, primera tarea para hacer que nuestro proyecto sea sostenible, se concreta en cinco pasos:

1) Concretar cuáles son las dimensiones en las que se encarna nuestra visión cristiana de la persona[3]. Cuando se plantea en nuestros claustros esta propuesta de trabajo, lejos de constituir una cuestión teórica, se convierte en una tarea verdaderamente creativa. De repente brotan de manera espontánea las diferentes preconcepciones que cada uno de nosotros posee a la hora de imaginarse los elementos básicos de nuestra estructura personal. Será imprescindible liderar este primer paso del proceso desde una buena concepción de la antropología cristiana con el fin de que no quede fuera ninguno de los elementos clave del ser persona. Este trabajo, que se inicia con los claustros de manera –como decimos– intuitiva, debe culminarse con una presentación sistemática y armónica no solo de las dimensiones de la persona, sino también de su jerarquización, estableciendo así las relaciones entre todas ellas. Necesitamos proporcionar a nuestros educadores una visión clara de la antropología cristiana.

2) Profundizar en cada una de las dimensiones intentando describir cuál es su alcance y su dinámica propia, siempre desde el punto de vista de la antropología cristiana. Puesto que la vida personal no funciona en una sucesión de vivencias inconexas, sino que, en su dinámica, se mueve en la interacción constante entre las diferentes dimensio-

---

[3] Para una profundización en la concreción de las dimensiones, cf. J. CORTÉS, *La Escuela Católica*, o. c., pp. 146-164. También se puede encontrar una presentación más pedagógica para Bachillerato en *Edén, Religión Católica*, de SM-PPC. Toda la propuesta temática para el curso de primero de Bachillerato se centra en la presentación de las diferentes dimensiones de la visión cristiana de la persona.

nes, también será conveniente plantearse de qué manera interactúan todas las dimensiones en cada una de las vivencias personales. La persona es una, no se vive compartimentada, y las experiencias de nuestra vida son una mezcolanza de elementos afectivos, racionales, éticos y espirituales, como mínimo. Mi experiencia muestra que, cuando se introduce al profesorado en estas dinámicas clarificadoras, su forma de contemplar su tarea educativa cambia. Apuntamos aquí, a modo de propuesta, un posible acercamiento a las diferentes dimensiones.

RACIONAL

La base de esta dimensión reside en nuestra capacidad de objetivación. Nuestro lenguaje nos permite dialogar sobre la realidad y establecer sobre ella el rigor de las evidencias con criterios lógicos que nos vayan llevando a conclusiones progresivas. En la base del desarrollo de esta dimensión está la pregunta que abre a la búsqueda de nuevos conocimientos. La dimensión racional alcanza no solo lo demostrable, sino también lo razonable, es decir, no queda supeditada a los límites del método científico. La clave de su desarrollo está en el rigor y la disciplina de los procesos argumentativos en una búsqueda sincera de la verdad, sea esta científica o de otro ámbito. En esta tendencia natural hacia la pregunta constante por todo lo que nos rodea reside también la aspiración a una vida con sentido y, por tanto, a una búsqueda más allá de lo demostrable que se puede abrir a la trascendencia.

CORPORAL

La experiencia de nuestro ser naturaleza: somos una especie viviente perteneciente al ciclo de la naturaleza, con todas sus consecuencias. El cuerpo como el soporte biológico de todos los procesos humanos y elemento nuclear de nuestros procesos comunicativos. La experiencia de la sensibilidad, de los sentidos, del placer y del dolor. Experiencia también de la limitación básica de la existencia humana. Esta limitación puede abrir a la inquietud y a la pregunta sobre el sentido de la vida humana, dado el enorme contraste entre nuestro ser finito y nuestro profundo deseo de permanencia.

ÉTICA

La dimensión ética se manifiesta en nuestra tendencia natural a preferir. Por eso representa una radical diferencia con los animales movidos solo por la fuerza de sus instintos y, por tanto, en estado de determinismo conductual. Es el impacto del bien. Esta dimensión está completamente ligada a la experiencia de la libertad, entendida esta como el espacio que se abre entre el deseo o el estímulo y la decisión personal frente a ellos. En el acto de preferir se manifiesta lo que la persona considera como bueno o como malo y, al mismo tiempo, se va construyendo como ser propio en su identidad. Los códigos de bueno y malo se concretan en las diferentes morales en cuya base siempre está la dimensión ética. Estos códigos de bien y mal son fruto de la educación y se adquieren por sucesivas experiencias de bondad. A más experiencias de bondad, mayores posibilidades de desarrollo positivo de la dimensión ética. Esta dimensión se manifiesta en un especial atractivo y admiración que produce la buena acción, el bien. Un deseo del bien y de la bondad que puede abrir a las grandes utopías, tanto humanas como religiosas. El atractivo de los grandes maestros de la historia.

ESTÉTICA

De modo similar a la dimensión ética, la dimensión estética se manifiesta en nuestra tendencia natural a preferir lo que consideramos bello frente a lo feo. Es impacto de lo bello. En cada una de las decisiones personales que tienen que ver con preferir determinada versión de lo bello (colores, ropa, estilos, etc.) se manifiesta esta dimensión. De nuevo los códigos de belleza y fealdad serán fruto de la educación. A más impactos de belleza, mejor desarrollo de la dimensión estética. A menos biografía de impactos de belleza, menor desarrollo de esta dimensión. Las opciones de belleza que cada persona lleva a cabo constituyen una manera de construirse a sí misma, su propia identidad. La dimensión estética puede derivar hacia la creación en el momento en el que el sujeto va creando sus propias construcciones de belleza. Estas también van a depender de la cantidad y calidad de experiencias estéticas que haya ido viviendo. Cuando la obra creativa sale del que la produce, le trasciende de alguna manera. Nuestro ser creadores también puede manifestar nuestra propia trascendencia. De igual modo, el impacto de la belleza, como una experiencia arracional que da paso a otros niveles afectivos, de comunicación y de religación, posee grandes similitudes con la experiencia religiosa.

SOCIAL/RELACIONAL

Esta dimensión se manifiesta en nuestra necesidad intrínseca del otro en sentido amplio y radical. Está inscrita en nuestro propio ser corporal: solo podemos existir si se da el encuentro sexual entre dos personas. La consecuencia inmediata de esta dimensión es nuestra radical implenitud y, como consecuencia, la necesidad del otro. Nuestro carácter de especie social encuentra también su razón de ser en la importancia que para las personas tiene el ámbito cultural. Nuestra debilidad física se ha ido compensando con la enorme creación cultural que la humanidad ha ido desarrollando a lo largo de su historia. Esta creación cultural, este tesoro fruto de la experiencia humana de tantos hombres y mujeres, solo se puede transmitir poniendo en juego nuestro ser relacional, nunca en la soledad. La educación debe ser concebida como un lugar privilegiado para el desarrollo de esta dimensión tanto en las intensas relaciones humanas que en ella se establecen como en su calidad de gran transmisora de la tradición cultural. Esta implenitud, manifestada en la necesidad del otro, señala la apertura de la persona hacia el Otro trascendente.

COMUNICATIVA

Esta dimensión constituye el correlato antropológico de la dimensión social. Solo la comunicación capacita para el encuentro. La importancia del lenguaje: solo existe lo que se nombra, y del cómo nombramos y narramos depende nuestra propia identidad. El diálogo con uno mismo, raíz de nuestra existencia y de la construcción de nuestro yo personal. El diálogo con los demás en busca del otro, del encuentro, de la interacción, de la búsqueda común de la verdad. Un proceso de comunicación que se inicia siempre con el silencio, la escucha y la acogida. La palabra como manifestación auténtica del ser. La continuidad coherente del ser-hacer-decir. La comunicación como puente hacia el distinto. Verbal y no verbal. La conciencia de que toda persona es palabra. Profunda conexión con un Dios que no es inaccesible, sino palabra en carne humana.

INTRAPERSONAL

Esta dimensión se manifiesta en la experiencia que cada persona tiene de su propio yo. En su base se encuentra el constante diálogo que cada persona mantiene constantemente consigo misma. El resultado de ese diálogo interior dibuja el auténtico sentido que las personas damos a nuestra vida. Este diálogo se produce en el escenario de la vida interior, donde el yo interactúa de manera permanente con todos los habitantes de ese espacio interior: la vida afectiva, los valores, los ideales, el deseo de felicidad, la experiencia de la limitación y del dolor, la búsqueda del sentido de la vida, la conciencia, etc. Como en el diálogo interpersonal, también aquí se requiere el silencio y la escucha, con el fin de partir siempre de la realidad personal de cada uno. Esta dimensión sintoniza profundamente con la palabra de Jesús sobre el corazón y «lo que sale de dentro».

ESPIRITUAL

Esta dimensión está arraigada en la experiencia humana de trascendencia: existe una realidad que no se ve y que se nos presenta como un elemento no solo incuestionable, sino fundamental de nuestro ser personas. Son trascendentes las creencias, las grandes preguntas por el sentido de la vida, los mismos valores, las presencias interiores que nos habitan, fruto de nuestra propia historia relacional. Ninguna de estas realidades está sometida a la realidad visible y demostrable. El ser humano posee una dimensión vital que va mucho más allá de la mera constatación empírica y que le abre a un universo de realidades trascendentes ligadas a determinadas inquietudes, trascendentes también ellas, que demandan respuesta. Ese universo espiritual puede estar habitado por presencias no visibles, pero sí reales, como es el caso de la experiencia de Dios. La experiencia religiosa como un desarrollo específico de la dimensión espiritual.

CREATIVA

Esta dimensión se manifiesta en la necesidad que sentimos de proyectar lo que somos y sabemos en los otros o en la realidad. Este impulso, muy ligado a la realización personal, busca constituirnos en seres únicos y necesarios, esperando que los demás nos reconozcan en esa aportación específica. Cuando este proceso se cumple y la persona hace que algo que no existía aparezca y sea reconocido como tal, se produce un especial sentimiento de plenitud y de sentido de la vida. De esta dimensión es prueba evidente la enorme creación cultural que la humanidad ha ido produciendo a lo largo de la historia. Esta dimensión encuentra una sintonía profunda con la mitología bíblica de la creación del universo y del hombre y la mujer.

AFECTIVA

En el caso de la especie humana, debido a su calidad de sujetos (poseedores de subjetividad), los acontecimientos de la vida van siempre acompañados de un impacto preconceptual (no racional). El sujeto se siente afectado más allá de la realidad objetiva del acontecimiento. A ese tipo de afecciones (o afectaciones) le llamamos vida afectiva. Los tres afectos básicos de los que se compone nuestra vida afectiva son las emociones, las pasiones y los sentimientos. Cada uno de estos tres tipos de afecto puede tener diferentes cualidades (alegría, tristeza, ira, asco, miedo). La vida afectiva de cada persona es el resultado de la propia biografía, de la cantidad y calidad de afectos que ha ido recibiendo a lo largo de la vida. La tonalidad y tipología de los afectos personales dependen también de otros factores, como las creencias y los valores por los que la persona opta. La vida afectiva constituye la realidad básica y el motor de la vida de las personas. El fenómeno de la religación con un ser superior propio de las religiones tiene un componente afectivo determinante. Las diferentes religiones pueden distinguirse precisamente por el tipo de afecto que intentan provocar en sus fieles.

3) El tercer paso consiste en establecer cuál es la dimensión a la que, de manera más específica, pero no única ni exclusiva, está ligada cada una de las áreas. Esa dimensión marcará el foco y, en torno a él, será necesario también determinar de qué manera esa área queda también ligada y comprometida con el desarrollo del resto de las dimensiones. Esta manera de mirar el área proporciona un sentido último a todo lo que posteriormente vamos a programar, con lo que eso conlleva de cambio de visión sobre el área correspondiente. Al mismo tiempo, abre a una primera conexión entre las mismas áreas, estableciendo así las bases para un posible encuentro interdisciplinar tan necesario en nuestro sistema educativo. Antes que estar conectadas las diferentes áreas por el modelo competencial, están entrelazadas por una visión de ellas desde la mirada de la educación integral. Esta perspectiva nos sitúa en el sentido y la finalidad de lo que enseño en cuanto constructores de la persona. En

definitiva, lo que se pide es que los profesores de las diferentes áreas se planteen las preguntas fundantes: ¿cómo contribuyo desde mi área al desarrollo integral de mis alumnos?, ¿cuál el sentido último de mi área desde la perspectiva de las dimensiones?, ¿para qué sirve realmente mi área y cuál el sentido educativo profundo de ella?

4) Una vez adquirida esta nueva visión del área, el cuarto paso nos invita a preguntamos directamente qué tenemos que cambiar en nuestra práctica curricular para cumplir con esa finalidad, con el fin de establecer cuáles son las innovaciones que se derivan directamente de esta nueva manera de contemplar el área. Se trata de replantearnos el desarrollo del área para que realmente alcancemos esa aportación a la educación integral que hemos definido. Cuando un profesor de Educación Física o de Psicomotricidad define la dimensión más específica de su área formulando que su objetivo final es el desarrollo de la dimensión corporal de sus alumnos y, por tanto, la aceptación de su corporalidad, para que cada uno vaya asumiendo su propio desarrollo corporal, ese profesor ya ha iniciado un proceso de innovación. El profesor de Religión que asume la educación de la dimensión espiritual como la dimensión más específica, aunque no única, de su área –no la ética ni la racional–, cambia ya, desde ese momento, su manera de afrontar su planteamiento curricular y su didáctica. Está demostrado que, cuando un profesor logra situarse en esa atalaya al descubrir el auténtico sentido y finalidad de su día a día escolar, se abre a la innovación. Es en este cuarto paso en el que se produce una primera y radical conexión entre nuestra identidad y el ámbito curricular, un paso que, además, exige y orienta la necesaria innovación.

5) Una vez que hemos adquirido la auténtica aportación de cada una de las áreas a la educación integral y hemos

despertado también a la necesidad de transformar nuestro modo de plantear los procesos de enseñanza-aprendizaje de ellas, es el momento de acudir a las diferentes propuestas didácticas más actuales con el fin de seleccionar las que mejor puedan llevarnos al cumplimiento de esos objetivos de las diferentes áreas. Citábamos antes el caso del modelo competencial. Creo que situar el modelo competencial como un instrumento para el desarrollo de una auténtica educación integral nos proporciona un escenario mucho más creativo que no su aplicación como una finalidad en sí mismo. Leer el modelo competencial desde nuestra opción de la educación integral plasmada en dimensiones bien definidas nos permite incorporarlo al servicio de nuestro proyecto educativo. Pongamos un ejemplo: ¿por qué no afrontar la concreción de las competencias 5, 6 y 7 desde nuestra propia formulación de las dimensiones que les son más afines (dimensión intrapersonal, ética, social/relacional, espiritual e incluso creativa), ampliando el alcance que el mismo modelo competencial europeo nos propone? Esta manera de afrontar el reto de cómo incorporar las diferentes propuestas didácticas innovadoras en nuestro proyecto educativo se puede aplicar a otros muchos casos, como es el de las inteligencias múltiples. De haberlo hecho así lo habríamos utilizado en lo que nos puede servir de instrumento para concretar la educación integral, yendo así mucho más allá de lo que tiene de esquema limitado que no da razón de la complejidad de la persona, que necesita ser educada en toda su riqueza.

Resumamos en un esquema de conjunto el itinerario en cinco pasos que acabamos de describir y que nos permitiría poner a trabajar el proyecto en el ámbito académico y curricular. Como se puede observar, este itinerario parte del núcleo identitario marcado por la visión cristiana de la persona y termina en la necesaria innovación educativa:

1. Determinar cuáles son las dimensiones que mejor explicitarían la visión integral de la persona que propone la antropología cristiana.
2. Definir de manera sintética cuál es el alcance de cada una de ellas y sus posibles relaciones.
3. Confrontar mi área de enseñanza con todas ellas con el fin de establecer cuál es la dimensión que está más específicamente ligada y cómo se relaciona con el resto de las dimensiones.
4. Replantear mi propia práctica educativa a la luz de esa visión, estableciendo los cambios necesarios para cumplir con esa responsabilidad educativa.
5. Acudir a las propuestas didácticas más innovadoras con el fin de incorporar aquellas nuevas prácticas que mejor cumplan con la intencionalidad educativa de lo que tengo que enseñar.

El reto que nos plantea esta perspectiva reside en que no tenemos ni el rigor, ni la paciencia, ni la disciplina necesarios para hacer recorrer a nuestros claustros semejante proceso. Nos come la prisa, la inmediatez, la urgencia por llegar a resultados prácticos rápidos y no nos atrevemos a introducir a nuestros claustros en procesos de reflexión auténticamente creativos que de verdad pongan en juego lo que somos. El proceso que acabamos de describir es posible y se ha demostrado que produce cambios muy interesantes en el profesorado, porque no es un proceso teórico, sino un camino de concreción progresiva desde las visiones más esenciales hasta el aterrizaje en propuestas realmente innovadoras. Ya lo decía Aristóteles: lo que une es la causa final, no las causas eficientes. Si no conseguimos esta conexión entre identidad e innovación, el proyecto de la EC no será sostenible.

Este proceso produce además otro fruto imprescindible: ayuda claramente a «esencializar» el currículo, si se me permite la expresión. Un somero análisis de la evolución de los currículos desde la ley Villar Palasí hasta la LOMLOE muestra con mucha claridad cómo los currículos se han ido cargando progresivamente. Cierto es que en aquellos tiempos de los años setenta, la mirada que se tenía sobre el currículo incidía demasiado en su vertiente de contenidos y que muchos de los añadidos posteriores han sido fruto de una necesaria ampliación del concepto de currículo. Si embargo, no dejamos de constatar que los currículos han ido engordando hasta llegar a la sensación generalizada de que «no se llega», expresión muy común entre el profesorado. Una simple comparación de la evolución de los libros de texto corrobora este análisis. Hemos podido caer en una cierta dispersión cuando no en introducir en el currículo elementos más periféricos que esenciales. No todo es igual de importante en el proceso de enseñanza-aprendizaje de los alumnos. Resulta imprescindible llevar a cabo no tanto una poda del currículo, sino una selección de aquellos elementos nucleares que van a ir construyendo de verdad en nuestros alumnos una auténtica comprensión de la realidad a la que se enfrentan en las diferentes áreas.

Non multa, sed multum, rezaba el sabio proverbio latino. Pero para eso hay que saber distinguir entre el *multa* y el *multum* para quedarnos con este segundo, y ahí reside el problema. Siempre que planteo a los profesores este reto, observo que encuentran enormes dificultades para llegar a un acuerdo sobre cuáles son los pilares básicos y fundamentales del área a la que dedican sus esfuerzos en calidad de docentes. Creo que en esta dispersión curricular también puede influir el deseo de algunos profesores de sorprender constantemente a sus alumnos con el fin de captar su atención o de que no se aburran. Siempre he pensado que la educación requiere un cierto hábito a veces repetitivo, con el fin de ir construyendo en profundidad, no tanto en ampliación constante.

Mucho se ha escrito y se escribe comparando el paradigma antiguo de la escuela confrontándolo con el nuevo[4]. Considero que en esa comparación se omite esta perspectiva. Los modelos llamados clásicos o antiguos de escuela tenían muy claro cuáles eran los tres elementos clave de una buena educación, lectura, escritura y cálculo, y a eso dedicaban sistemáticamente sus esfuerzos. No faltan voces en la actualidad que reivindican un acuerdo sobre esos elementos esenciales que la escuela debe desarrollar.

Creo que le proceso que acabamos de describir constituye una gran oportunidad para llevar a cabo esta necesaria tarea. Cuando se tiene claro cuál es el foco fundamental del área de la que eres responsable como profesor, emergen de manera casi espontánea cuáles son las grandes líneas sobre las que hay que volver una y otra vez, evitando así esta tentación de dispersión en la que podemos estar cayendo. Los dictados murieron. La pregunta es si nuestros alumnos escriben más de lo que se escribía en aquel modelo antiguo de escuela y, sobre todo, si los profesores hoy corregimos como antaño todo eso que nuestros alumnos escriben.

Un último apunte sobre esta reflexión acerca de las dimensiones como instrumento válido para encarnar nuestro ideal de educación integral. Cuando hablamos de dimensiones, no nos estamos refiriendo a las inteligencias múltiples. Como ya sabemos, esta es una teoría psicológica que tiene sus virtualidades, llamar la atención sobre un uso reduccionista del concepto de inteligencia, pero también,

---

[4] Cf., por ejemplo, J. A. MARINA, *El bosque pedagógico*, o. c., pp. 44-45.

como toda teoría psicológica, sus limitaciones, una consideración excesivamente compartimentada de la inteligencia[5]. Las teorías psicológicas se sitúan, lo hemos explicado antes, en el ámbito de la racionalidad científica y, por tanto, están siempre sujetas.

Dotar de sentido a lo que se enseña

Decía la segunda parte de la definición de escuela a la que hemos hecho referencia que esa educación integral se lleva a cabo «mediante la asimilación sistemática y crítica de la cultura». Es decir, no se trata de dar clase y luego intentar la educación integral, sino que el instrumento central y nuclear por medio del cual se lleva a cabo esa misión es el ámbito curricular, sencillamente porque es en él en el que se transmite la cultura.

Para eso necesitamos adquirir una visión de la cultura mucho más vivencial y menos «cosística», como si la cultura se limitara a la mera acumulación de datos. En efecto, lo que realmente transmitimos por medio de las áreas es cultura, entendida esta como todo el conjunto de creaciones –intelectuales, instrumentales, artísticas, de valor, etc.– que la humanidad ha ido produciendo a lo largo de la historia, con el fin de proveerse de instrumentos para dar respuesta a todas sus necesidades, materiales e inmateriales. La escuela es, en primer lugar, una institución cultural, y así

---

[5] Cf. el artículo del 6 de mayo de 2024 en *El País*, «El fallido aterrizaje en las aulas de las inteligencias múltiples», en el que se pone de relieve el peligro de una absolutización del modelo que no da razón suficiente de que en realidad disponemos de una inteligencia general de la que dependen múltiples habilidades en correlación y en la que se critica la práctica de la adjudicación directa de una determinada inteligencia a cada alumno.

es contemplada por el magisterio de la Iglesia en todos sus documentos programáticos.

Pero esa transmisión de la cultura desde esta perspectiva más vivencial no se hace en la EC de manera aséptica, sino que, tal como se nos insiste reiteradamente, esto se lleva a cabo asumiendo el compromiso de aportar el sentido cristiano de todo ese acervo cultural. Las referencias que el magisterio de la Iglesia en materia educativa hace sobre este objetivo primordial de la EC son abrumadoras. Citemos directamente solo uno de los ejemplos:

> Si la Escuela Católica, como todas las demás escuelas, tiene como fin la comunicación crítica y sistemática de la cultura para la formación integral de la persona, persigue este fin dentro de una visión cristiana de la realidad «mediante la cual la cultura humana adquiere su puesto privilegiado en la vocación integral del hombre»[6].

Si no conseguimos que esta intencionalidad alcance de verdad la práctica de los profesores de la EC, nuestro proyecto de educación católica no será sostenible. Nuestro nivel académico será bueno, incluso innovador en sus formas, pero no estaremos cumpliendo con nuestra misión, por mucho que adjuntemos a ese buen nivel académico maravillosos planes de pastoral.

Para ilustrar esta nefasta dicotomía entre los contenidos y su sentido acostumbro a contar una anécdota personal. A lo largo de mis años de profesor de Filosofía en primero de bachillerato me correspondía en un momento determinado abordar el fenómeno de la ciencia y la tecnología como una

---

[6] SAGRADA CONGREGACIÓN PARA LA EDUCACIÓN CATÓLICA, *La Educación Católica* 36. Cf. también los nn. 8, 26, 29 y 20; también *Grvissimum educationis momentum* 8 y *La identidad de la escuela católica en una cultura del diálogo* 16 y 19.

manifestación más de la creatividad humana, con el fin también de establecer su propia dinámica de pensamiento, bien diferenciada del método filosófico. Cuando yo preguntaba a mis alumnos en cuántos cursos habían cursado la asignatura de Tecnología, el mínimo eran dos a lo largo de la ESO. Mi pregunta no se hacía esperar: si habéis aprobado como mínimo dos cursos de Tecnología, ¿alguien puede darme una definición aproximada de lo que es la tecnología, de dónde procede y cuál es su papel en la vida de las personas y de las sociedades? Ningún alumno ha sido capaz de responderme que la tecnología es una aplicación interesada de los avances de la ciencia y que, por tanto, está movida por intereses que habría que conocer, analizar y valorar. La tecnología, como cualquier otra manifestación de la creatividad humana, está sujeta a su momento ético y, por tanto, hay unas opciones éticas acordes con la visión cristiana de la vida y otras que no lo son tanto, como bien se puede comprobar en el magisterio del papa Francisco[7].

Está muy bien y es sin duda necesario llevar a nuestros educadores a sesiones formativas sobre nuestros carismas e incluso invitarles a encuentros en los que se promueve la innovación didáctica, pero esto no será suficiente para asegurar la fuerza y fecundidad del proyecto de la educación católica si no les introducimos de lleno en la reflexión primero y en la puesta en práctica después del sentido cristiano de lo que enseñan.

Todo buen educador, pero muy especialmente todo buen educador cristiano, debe responder a dos preguntas clave sobre las materias de las que es responsable. La primera gira en torno al «qué» de lo que pretende enseñar:

---

[7] Cf., por ejemplo, el tratamiento que hace en *Laudato si'* sobre la tecnología a partir del n. 102.

qué son las matemáticas, qué es la filosofía, qué es la lengua, qué es la biología, etc. No olvidemos que los currículos son una concreción de ese qué, pero el qué no es el currículo. Si este planteamiento lo aplicamos a la filosofía, diremos que la filosofía es el abordaje desde la razón de cualquiera de los fenómenos que se dan en la vida humana, pero con una honrada intención de rigor en esa racionalidad, de ahí la necesidad imperiosa del diálogo y del contraste en la búsqueda de las mejores respuestas. La filosofía se mueve en el ámbito de la argumentación, no en el de la demostración. El currículo será la concreción de los temas, autores y movimientos que intenten mostrar al alumno cómo ese qué se ha ido desplegando a lo largo de la historia y en el presente.

Una vez establecido el «qué», corresponde plantear la segunda pregunta, que se refiere al «para qué» de aquello que queremos enseñar, es decir, cuál es el sentido que le damos a eso que enseñamos. En el caso de la filosofía, este para qué tiene que ver con la búsqueda sincera y apasionada de la verdad que permita el mejor desarrollo posible de las personas y el mejor nivel de sociedad posible. La visión cristiana de la filosofía se basa en una mirada radicalmente positiva de la razón cuando esta se entrega a la búsqueda sincera de la verdad, mostrando no solo sus posibilidades, sino también sus propios límites, que no son imposición alguna que provenga de la fe, sino característica intrínseca de la misma razón[8]. La máxima anselmiana *fides quaerens intellectum* o la máxima agustiniana *credo ut intelligam* manifiestan con claridad la perspectiva cristiana sobre la activi-

---

[8] Cf. un ejemplo de esa visión de la razón en toda la obra del filósofo Eugenio Trías, con su concepto de límite y de símbolo; en especial, *La razón fronteriza*. Barcelona, Destino, 1999.

dad filosófica. Esto supone que el profesor de Filosofía de la EC, lejos de traslucir sospecha alguna sobre el valor de la razón en detrimento de una fe completamente heterónoma, debe mostrar con claridad la enorme fecundidad que ha producido la relación de la fe con la razón desde los mismos orígenes del cristianismo. Es más, en unos tiempos de clara desvalorización de la razón, debería recuperar el valor y el rigor de ella como un elemento fundamental a la hora de construir proyectos personales y colectivos. Recogiendo la terminología clásica, podríamos decir que el mejor servicio que puede llevar a cabo el profesor de Filosofía en la EC consistiría en mostrar los *preambula fidei* que la misma razón humana nos ofrece. Si además de eso el profesor de Filosofía colabora con las acciones de pastoral, miel sobre hojuelas, pero, no lo dudemos, es en el ámbito académico curricular en el que la EC necesita de su aportación más primigenia e insustituible.

Este pequeño recorrido que hemos llevado a cabo sobre la asignatura de Filosofía debería ser reproducido en todas y cada una de las áreas y materias que se imparten en la EC. Así nos encontraríamos con procesos verdaderamente fecundos y creativos. Todo el profesorado del centro se pondría a trabajar sobre la visión cristiana de cada una de las dimensiones más directamente afectadas por su propia materia o asignatura. Los de Educación Física se centrarían en el análisis de la visión cristiana del cuerpo apoyados por los de Biología. Los de Educación Artística se centrarían en el valor nuclear de la belleza, su carácter trascendental como manifestación de nuestro ser persona, poniendo de relieve que la experiencia estética y sus diferentes manifestaciones constituyen un lugar privilegiado de la experiencia de trascendencia. Los de Ciencia y Tecnología aprenderían la visión cristiana de la ciencia con todas sus virtualidades, pero también limitaciones, del método científico y, sobre todo, haciéndose conscientes de los innumerables momentos éticos de la creación científica y tecnológica. Los de Ciencias Naturales y Biología profundizarían en la visión cristiana de la vida en todas sus manifestaciones, poniendo de manifiesto su valor inviolable como criterio ético. Los profesores del área de Religión harían una lectura de la dimensión espiritual que anida en nuestro interior para mostrar que es la espiritualidad que brota del Evangelio y no cualquier superchería espiritual la que puede de verdad plenificar nuestra sed de absoluto y de misterio. Los profesores de Economía se plantearían el sentido cristiano de la actividad económica, tan magníficamente desarrollado en la doctrina social de la Iglesia y, desde ahí, se abrirían a una integración crítica de nuestros alumnos en el sistema económico.

Estos procesos de reflexión sobre el valor de cada una de las asignaturas o materias tienen otra virtualidad que conviene poner de relieve. Una de las mayores preocupaciones de los profesores en estos tiempos tiene que ver con la dificultad para motivar a los alumnos. En más de una ocasión he escuchado recientemente la enorme dificultad con la que se encuentran los profesores para despertar el mínimo interés, a pesar de la cantidad de medios audiovisuales de que se dispone ahora en las aulas, lo que permite poner al alcance de nuestros alumnos vídeos, reportajes, documentales, testimonios y toda clase de recursos. Creo que detrás de estas inquietudes puede estar presente una limitada visión sobre la motivación.

A mi modo de ver, motivar no consiste en impactar, sino en encontrar el punto más cercano entre aquello que deseamos comunicar a nuestros alumnos y su propia vida. La motivación crecerá en el alumno en la medida en que se sienta concernido por aquello que se presenta como objeto de estudio. Ese sentirse concernido admite una gran variedad de registros, desde el mero interés por una nota hasta un interés más profundo en el caso de que en el alumno se haya despertado un interés personal por los saberes que se van a trabajar. Mi experiencia me lleva a proponer una máxima que me ha sido siempre muy útil: a más sentido, más motivación. Cuando digo «sentido», digo respuesta a determinadas experiencias personales. Siguiendo con nuestra reflexión anterior sobre la conexión de las áreas o materias con determinadas dimensiones de la vida personal, creo que el primer objetivo del profesor debe consistir en hacer consciente al alumno de la presencia en su vida de esa dimensión. Pongamos el ejemplo de la Educación Artística. El profesor que ha profundizado en la dimensión estética procurará que sus alumnos constaten en su propia experiencia personal las dos dimensiones clave de la dimensión estética: por una parte, que su capacidad de creación les trasciende, que aquello que manifiesta su creatividad va más allá de sus propias intenciones, y por otra, que él mismo es susceptible de experimentar el impacto positivo de la belleza. Tomar conciencia de la presencia de las dimensiones en la propia vida personal constituye, en mi opinión, el primer paso para despertar la motivación. Sobre esa constatación viene la propuesta de sentido: vamos a analizar, a estudiar y a desarrollar esa dimensión.

Creo que esta perspectiva de enlazar las materias con las dimensiones y los contenidos con propuestas para su comprensión y desarrollo abre nuevas perspectivas para la motivación y también para la innovación, tal como apuntábamos antes. Este es el camino para que el proyecto de la EC sea verdaderamente sostenible. Si no se trabaja en esta línea, perderemos la batalla más importante: la batalla cultural. Es en la cultura, entendida como todo un conjunto de simbologías de sentido, de herramientas de sentido disponibles, donde se juega la construcción de la vida personal. Cualquier elemento cultural ofrece sentido para la persona que se lo apropia. Y nuestros alumnos llevan a cabo su particular apropiación contando con lo que tienen disponible. La EC tiene la obligación de proporcionarles las herramientas culturales inspiradas en la visión cristiana de la persona y del mundo. Esta es nuestra misión fundamental. Y esto no se hace acumulando campañas en un contexto dominado por un ámbito curricular abandonado a su suerte, sino apostando por una transmisión de los saberes imbuidos del sentido más humano del que disponemos: el sentido cristiano.

Antes de concluir este análisis del ámbito educativo curricular me parece imprescindible abordar el planteamiento de la Enseñanza Religiosa Escolar, la clase de Religión, desde esta perspectiva. La primera afirmación que conviene recordar es que la clase de Religión pertenece plenamente al ámbito curricular. Esto significa que no debe ser considerada como un lugar disponible para otras intenciones educativas, sean estas de corte pastoral, del terreno de la educación en valores o de la necesaria educación social por medio de campañas u otras mediaciones. El informe del año 2021, *Perspectivas ciudadanas y del profesorado hacia la religión, su presencia pública y su lugar en la enseñanza*[9], arroja datos de enorme interés para el tema que nos ocupa. En primer lugar, confirma que el 73 % de los encuestados cursó la asignatura de Religión en su época escolar, un porcen-

---

[9] V. Pérez-Díaz / J. C. Rodríguez, *Perspectivas ciudadanas y del profesorado hacia la religión, su presencia pública y su lugar en la enseñanza*. Madrid, Fundación Europea Sociedad y Educación, con la colaboración de la Fundación Porticus, 2021.

taje nada desdeñable; pero, cuando se les pregunta hasta qué punto todas esas clases tuvieron algún tipo de efecto en su vivencia religiosa, el 42 % afirma que no tuvo ningún efecto. El segundo dato resulta también muy esclarecedor. Se pregunta a los profesores de Religión de la pública en qué ámbito de conocimiento creen que influye más la clase de Religión en sus alumnos. El 34,5 % afirma que en el ámbito de la ética y moral cristiana, y el 15,6 %, que en la ética y moral general. Si sumamos los dos porcentajes, nos situamos en el 50 %. De otro modo: los profesores de Religión de España creen que sus clases sirven para que sus alumnos trabajen y progresen en el ámbito de la ética y de la moral. El tercer dato también me parece extraordinariamente interesante. Mientras que en España la práctica religiosa semanal católica no alcanza el 18 %, resulta que un 42 % de los encuestados ora o medita con regularidad una vez a la semana. Creo que estos datos corroboran la necesidad que tenemos en la EC de profundizar en una propuesta renovada de eso que llamamos clase de Religión. En mis años de relación con las instituciones ligadas a la EC no he encontrado especial sensibilidad hacia este tema frente a otros como el encaje legal, la pastoral o la innovación educativa que han ocupado seminarios y congresos.

Si aplicamos el itinerario en cinco pasos que hemos propuesto anteriormente a la clase de Religión, habría que empezar determinando cuál es la dimensión específica, que no única, a cuyo desarrollo debe responder la clase de Religión. Cuando he planteado y planteo esta cuestión a grupos de profesores de Religión, lo que aparece es una enorme diversidad. Algunos apuntan a la dimensión religiosa, pero esta no constituye en sí misma una dimensión universal, sino que es más bien un posible desarrollo de otra dimensión más profunda y universal: la dimensión espiritual tal como la describimos anteriormente. Y la dimensión espiritual se manifiesta en todo un conjunto de inquietudes y de profundos deseos personales que se concretan en un universo de creencias. Habrá, por tanto, que profundizar con nuestros alumnos en la experiencia espiritual que cada uno de ellos tiene y cuya expresión más evidente está en el conjunto de sus creencias. Lo decíamos antes: en primer lugar, que nuestros alumnos constaten su vivencia de la dimensión que es más propia, en este caso la espiritual, y a partir de ahí mostrar cómo la fe cristiana da respuesta a esas inquietudes por medio de unas creencias mucho más fecundas. Hablando claro: que la resurrección abre a unos horizontes de experiencia humana muy superiores a la reencarnación, que la eucaristía proporciona una experiencia de ser hermanos mucho más comprometida que el mero sentimiento de compartir experiencias puramente emotivas. Y así sucesivamente.

La preocupación del profesorado de Religión debe focalizarse en este registro y no tanto en los registros dogmáticos o morales. Ambos tienen su lugar. Los primeros porque constituyen una formulación capaz de comunicar racionalmente la experiencia espiritual cristiana, y los segundos porque no hay experiencia espiritual que no quede plasmada en conductas morales.

Los datos sobre la secularización en España son abrumadores. Frente a ellos podemos caer en la tentación desde la clase de Religión en la EC de intentar transmitir el discurso racional o moral de la fe. Creo que ese no es el camino. Más bien hay que tomar nota de la sed espiritual que anida en nuestra cultura, manifestada de mil maneras, y trabajar a partir de esa realidad. Lo demuestran los datos de la encuesta: el 42 % medita de alguna manera una vez a la semana. Todos los datos culturales apuntan en la misma dirección: se marchó la religión, pero se afianza cada vez más una religiosidad difusa. Nuestros alumnos, de manera mayoritaria, no han crecido con los referentes de creencias de la tradición espiritual cristiana, pero sí han ido abrazando otras que llegan por otros canales, como las series, los relatos de ciencia-ficción o determinados personajes en formato héroe. Secularización puede significar desinterés por la religión institucional, pero no desinterés por el mundo de la experiencia espiritual. En palabras de Benedicto XVI: «Por tanto, la dimensión religiosa no es una superestructura, sino que forma parte de la persona, ya desde la infancia; es apertura fundamental a los demás y al misterio que preside toda relación y todo encuentro entre los seres humanos. La dimensión religiosa hace al hombre más hombre»[10].

A este reconocimiento de una dimensión espiritual se une nada más y nada menos que la Convención de los Derechos del Niño cuando afirma que «los Estados parte reconocen el derecho de todo niño a un nivel de vida adecuado para su desarrollo físico, mental, espiritual, moral y social»[11]. Nos encontramos con un reconocimiento explícito y universal de la dimensión cuya educación y desarrollo corresponde de manera clara a la clase de Religión. No se trata de educar esa dimensión en el vacío, sino de utilizar la experiencia de fe cristiana precisamente para educarla. Es la experiencia religiosa cristiana la que aporta el verdadero sentido de la dimensión espiritual universal.

Como se puede ver, la clase de Religión exige el mismo rigor de itinerario que las demás áreas: de la dimensión que le es propia al sentido de la misma, y eso por medio de los «saberes» de la fe. Por otra parte, el modelo competencial bien entendido y la formulación de las seis competen-

---

[10] *A los profesores de Religión de las escuelas italianas*, Roma, 25 de abril de 2009.

[11] ONU, *Convención de los Derechos del Niño*, 1989, art. 27,1.

cias del nuevo currículo de Religión de la Conferencia Episcopal Española nos ofrecen una oportunidad magnífica para entrar en esa dinámica. Una buena comprensión y aplicación del modelo competencial nos abre el camino para mostrar a nuestros alumnos que los saberes de la religión cristiana no constituyen, en primer lugar, acervos dogmáticos o morales, sino que nos hablan de la vida humana en plenitud. Por medio de ellos entendemos mejor en qué consiste la vida humana y cuál es el camino hacia su mejor versión. Los datos sobre las prácticas de la meditación corroboran el florecimiento de las inquietudes espirituales de nuestros contemporáneos. Nadie como la tradición espiritual nacida con la vida, muerte y resurrección de Jesús ha mostrado esa capacidad para llevar a plenitud las profundas aspiraciones del ser humano, sobre todo en el ámbito de lo espiritual. Frente a otras propuestas espirituales disponibles hoy necesitamos mostrar que Jesús y su espiritualidad es la mejor versión de lo humano.

El magisterio de la Iglesia propuso hace ya muchas décadas una comprensión de la ERE desde esta perspectiva que estamos subrayando. En el caso de España, el punto de partida fue el documento programático fundamental de los obispos españoles del año 1979 *Orientaciones pastorales sobre la enseñanza de la religión*[12], que fue en cierta medida pionero en esta reflexión. Más tarde será la propia Sagrada Congregación para la Educación Católica la que, en el año 1988, publique *Dimensión religiosa de la educación en la escuela católica*[13], en el que asume y desarrolla aquel planteamiento.

---

[12] Especialmente los nn. 59 a 70.
[13] Especialmente la cuarta parte, nn. 66 a 97.

b) *Poner el proyecto a trabajar en el ámbito educativo extracurricular*

El corazón de la escuela es el ámbito curricular o académico. En él reside su razón de ser y su aportación específica, de ahí la importancia de lo que hemos desarrollado en el apartado anterior. Tal como hemos comprobado, no es necesario esperar a la aparición de la pastoral para encontrar el profundo sentido de la EC. Sin embargo, la escuela, y mucho más en la tradición de la EC, siempre ha desarrollado un segundo ámbito, complementario, pero no menos importante. Se trata de toda una propuesta de actividades educativas que, no siendo obligatorias, sí proporcionan a los alumnos posibilidades de desarrollo personal bien interesantes. Ya lo hemos apuntado más arriba: es un error calificar a todo este ámbito de extraescolar, a no ser que de verdad pensemos que la escuela se circunscribe al currículo y todas las demás actividades educativas que se despliegan en nuestros colegios no son escuela. Quizá sea desgraciadamente así, y eso sea lo que motive el escaso interés que desde los equipos directivos se muestra hacia este conjunto de actividades educativas extracurriculares que nuestros colegios suelen proponer. He preguntado muchas veces a los equipos directivos cuál es su estrategia educativa en este ámbito, es decir, qué objetivos educativos quieren desarrollar por medio de toda esa propuesta de actividades y cuáles son los criterios que ponen en juego para decidir cuáles sí y cuáles no, y, sinceramente, no he encontrado respuestas demasiado profundas, más bien decisiones que responden en algunos casos a ciertas modas. Las actividades extracurriculares simplemente se organizan, pero, en general, no se las considera un terreno en el que haya que reflexionar mucho sobre sus finalidades.

No estoy muy convencido de que en nuestros centros de la EC se haya llevado a cabo una reflexión, por otro lado necesaria, sobre el sentido educativo de todo este ámbito a la luz de nuestro proyecto. Quizá por eso la primera tarea que debamos afrontar sea la de definir con claridad cuál es el sentido y el lugar que el ámbito extracurricular debe ocupar en el seno del proyecto educativo de la EC.

Si imagináramos la escuela como un conjunto de círculos concéntricos, podríamos afirmar que el primer círculo, el nuclear, estaría ocupado por el ámbito curricular en el que se llevan a cabo todas aquellas actividades educativas que se consideran indispensables para el desarrollo de todos los alumnos. Se trataría de la propuesta educativa obligatoria y universal planteada desde una perspectiva de atención a la diversidad, cuyo propósito consiste en que todos los alumnos alcancen de la mejor manera posible los niveles deseados. Manteniendo la línea de reflexión que hemos llevado, podemos afirmar que, en este primer círculo, todos los alumnos deben recibir las propuestas educativas suficientes para el mejor desarrollo posible de todas y cada una de sus dimensiones. Ninguna de ellas debe quedar fuera: la estética, por medio de las áreas artísticas; la corporal, por medio de la psicomotricidad, y la educación física, la comunicativa, por medio de las áreas de Lengua, y así sucesivamente.

Pero en la escuela también cabe que se dé un segundo círculo, a modo de extensión del primero, en el que se propongan actividades educativas específicas para ir más allá de esos niveles básicos del primer círculo. El alumno participa en su horario académico normal en las clases de Educación Artística, pero cabe la posibilidad de que, por sus especiales condiciones, merezca la pena que se embarque, fuera del horario escolar, en determinadas actividades que le permitan un desarrollo educativo de mayor nivel y profundidad en esa determinada área o materia. El objetivo consiste en que la escuela acompañe de alguna manera esa famosa diversidad «por arriba» y proporcione oportunidades para asegurar que no todos se queden en el nivel básico exigido, sino que puedan encontrar espacios y tiempos escolares –no extraescolares– para crecer e ir afianzando sus propias fortalezas.

Así, el ámbito extracurricular se convierte en un espacio educativo destinado a ampliar horizontes que trasciendan los a veces limitados tiempos y posibilidades de las áreas o materias curriculares. En una situación ideal, pero altamente deseable, debería ser el ámbito curricular por medio de sus profesores y, sobre todo, por medio del seguimiento proactivo del tutor, quien orienta qué propuestas educativas extracurriculares serían las más adecuadas para cada uno de los alumnos. Esto exigiría que la escuela se comprometiera en un seguimiento sistemático de las fortalezas de los alumnos. Los expedientes, en general, quedan reducidos a un seguimiento académico con algunas pinceladas de las posibles dificultades generales que los alumnos van presentando a lo largo de su trayectoria escolar, pero nada dicen, o muy poco, de sus fortalezas, de aquellos ámbitos o dimensiones de la persona del alumno que son la base de su mejor ser y hacer.

Incorporar esta dinámica de lo curricular a lo extracurricular, dando así un sentido educativo profundo al ámbito extracurricular, constituye, en mi opinión, el camino para que el proyecto se ponga a trabajar en este ámbito y así se haga presente de manera determinante también aquí. Para eso es necesario que la EC haga una opción radical por la educación vocacional. Nos encontramos de nuevo aquí con uno de esos tesoros de nuestra tradición educativa católica que ha quedado arrinconado inexplicablemente. Hacer una opción consciente y radical por la educación vocacional supone establecer los modos y maneras de llevar a cabo un seguimiento sistemático y riguroso de las fortalezas de nuestros alumnos. Tan sistemático y riguroso como el que sí hacemos en lo académico e incluso en lo disciplinar. La vocación, entendida como respuesta consciente a ese don único y personal que nuestra dignidad de hijos de Dios nos concede, constituye una de las más profundad verdades de nuestra fe. Entender que somos seres intrínsecamente vocacionados pertenece a la esencia de la antropología cristiana.

Y, una vez más, la profundidad de nuestra antropología nos conduce directamente a la innovación, invitándonos al desarrollo de una función tutorial cuyo foco sea el seguimiento personal de nuestros alumnos, con el fin de que vayan descubriendo su propio tesoro interior y no tanto un desarrollo de planes tutoriales destinados al gran grupo. Solo la práctica de una educación vocacional, además de, por supuesto, vocacionada, nos va a permitir ejercer de verdad una orientación personal que permita al alumno desarrollar de manera más personalizada su propio camino de progreso en aquellas dimensiones que le pueden ser más cercanas.

Por otro lado, este ámbito educativo también nos puede permitir proponer a nuestros alumnos determinadas actividades educativas que les abran a nuevas experiencias más allá de las propias limitaciones y rigideces del ámbito académico curricular en cualquiera de las materias, ya sean artísticas, deportivas, científicas o creativas en general.

Esta perspectiva que proponemos de concebir el ámbito extracurricular como una posible prolongación educativa de las fortalezas de nuestros alumnos tiene otra virtualidad. Puede ser el lugar a donde podamos «enviar» a algunos de nuestros alumnos con mayores dificultades para que puedan encontrar y más tarde desarrollar determinadas fortalezas y habilidades que a veces la rigidez del ámbito académico no permite. Hay alumnos con enormes dificultades para alcanzar el éxito motivador en el ámbito curricular y que, sin embargo, sí podrían hacerlo en el extracurricular. Si de verdad queremos practicar una educación vocacional, deberíamos conseguir que todos nuestros alumnos encontraran en nuestras escuelas «el lugar de su particular éxito», y el ámbito extracurricular así entendido nos ofrece nuevas posibilidades.

La gran dificultad para que se produzca este trasvase de un ámbito a otro es que, en la práctica, los dos ámbitos, el curricular y el extracurricular, viven completamente de espaldas en nuestras escuelas. No es infrecuente encontrarte con tutores que nada saben de la vida de sus alumnos en el ámbito extracurricular, incluso de sus éxitos. Un alumno puede haber tenido un éxito deportivo el fin de semana, pero eso no emerge el lunes, cuando llega a cumplir con su horario académico. No estoy muy convencido de que los tutores tengan conocimiento no solo de cuáles son las actividades educativas extracurriculares en las que participan sus alumnos, sino ni siquiera de cuáles son las que el centro propone. Dos mundos, creo, que se mueven por dinámicas distintas e inconexos entre sí.

Las dinámicas que mueven el ámbito curricular en principio parece que tienen su fundamento en los criterios educativos. La pregunta es: ¿qué dinámicas mueven el ámbito educativo extracurricular?, ¿cuáles son los criterios que se utilizan para montar la propuesta cada año?, ¿hasta qué punto no es visto este ámbito como una fuente de ingresos que venga en ayuda de nuestras dificultades de financiación?, ¿respondemos a las necesidades educativas de nuestros alumnos o más bien organizamos nuestra propuesta al servicio de las demandas no solo temáticas, sino horarias de las familias?

El ámbito extracurricular es un ámbito educativo, no un mero lugar de entretenimiento para ocupar la agenda de nuestros alumnos. Si de verdad queremos que nuestro proyecto educativo de EC sea sostenible, debemos afrontar nuestra responsabilidad sobre él:

– Definiendo con claridad cuál es el sentido educativo que le queremos dar como un lugar más donde desplegar nuestro proyecto educativo.

– Seleccionando las áreas en las que, por opción, queremos comprometernos como agentes educativos, pensando siempre en lo que tenemos que aportar al mundo de la educación desde nuestro propio proyecto abandonando criterios de presión social o de intereses económicos.

– Estableciendo una comunicación fluida entre este ámbito y el académico precisamente porque nuestros alumnos no se trocean, sino que son el mismo alumno participando en un tipo de actividades educativas o en otro, de tal manera que en la visión que tenemos sobre la evolución del alumno aparezcan datos de todos los ámbitos.

Tradicionalmente, el deporte ha ocupado dentro de la tradición de la EC un lugar preeminente en este ámbito extracurricular y así debe seguir siendo. El deporte constituye una de las prácticas fundamentales en la etapa escolar, porque asume la educación del desarrollo de la propia dimensión corporal, fundamental en la maduración personal. La práctica de la actividad física introduce al alumno en determinadas dinámicas clave para su desarrollo personal: los hábitos saludables, el esfuerzo sostenido y la superación de sí mismo, la renuncia y el sacrificio, el cumplimiento, el sometimiento a las reglas, las renuncias, la vivencia de la frustración, la sana competitividad, el trabajo en equipo, el establecimiento de relaciones, los lazos afectivos compartidos con los demás y con el propio colegio, y un largo etcétera.

El deporte en la EC necesita subrayar todos estos valores, huyendo de la gran tentación: convertirse en un club deportivo más, altamente competitivo, dominado por las mismas dinámicas de cualquier club deportivo, alejado de los criterios educativos que emanan de nuestro proyecto de EC. Para eso es imprescindible que toda esta actividad tan significativa no sea olvidada por los equipos directivos y dejada a su propia dinámica. La historia demuestra que, cuando se constituyen determinados modelos de clubes deportivos incluyendo en sus directivas a agentes externos, familias e incluso patrocinadores, se corre el peligro de que este ámbito quede fuera de las auténticas finalidades educativas del centro. Debemos tener en cuenta que nuestros alumnos pasan semanalmente más tiempo con sus entrenadores que con algunos profesores y, sin embargo, establecemos protocolos exigentes para la contratación de profesores y no tanto para la selección, formación y seguimiento de los entrenadores.

Más allá del campo del deporte, las posibilidades que ofrece el ámbito extracurricular desde la perspectiva que estamos proponiendo son inmensas. El registro propio de las actividades extracurriculares no es el académico, sino más bien el experiencial y creativo, siempre y cuando nos situemos en un registro no académico, sino experiencial y abierto a la creatividad. Quizá sea esa la palabra clave, promover la creatividad en el campo de la ciencia –grupos de investigación específicos– y en el campo de la cultura y del arte en todas sus manifestaciones. Es el lugar donde conectar con las raíces artísticas locales, ya sean musicales, de danza o de pintura. ¿Por qué no un club de escritores, o de pintores, o de fotógrafos, o de creadores de programas de radio, o de televisión, o de vídeos musicales, o de directores de cine, o de magos? ¿Por qué no grupos musicales y de teatro? ¿Por qué no grupos de friquis de cualquier tema? Apuesta por la creación y expresión cultural de todo tipo frente al monopolio del deporte o la opción por las actividades de moda en cada momento. Un compromiso sistemático por el estilo que estamos proponiendo dará con el paso del tiempo una personalidad bien diferenciada a nuestros colegios: trabajar la expresión y creación cultural como un distintivo propio.

Normalmente, las actividades extracurriculares tienen mucha afluencia en los niveles de Infantil y Primaria, pero la asistencia decae en Secundaria y prácticamente desaparecen en Bachillerato. Puede que una de las razones sea la dificultad que los alumnos de estas edades tienen para asumir un compromiso anual fuera del ámbito deportivo en el que sí responden por la dinámica de las diferentes competiciones en las que participan a lo largo del curso escolar. Existe la posibilidad, bien contrastada por la experiencia, de plantear para estos alumnos de ESO o de Bachiller de proponer determinadas actividades extracurriculares de duración mucho más acotada. Un curso de fotografía creativa con dos sesiones semanales de dos horas a largo de dos o tres semanas, o un curso concentrado de magia en varias semanas que puede ser expuesto por el mago que lo vaya a dinamizar pasando por las diferentes clases. Y siempre está la posibilidad de la invitación personal a un determinado grupo de alumnos sensibles a un determinado campo, siguiendo la dinámica que proponemos de transitar desde el círculo académico universal al espacio y tiempo extracurriculares en donde pueden profundizar de manera más experiencial y creativa en cualquiera de los ámbitos educativos como prolongación de aquello que ha quedado apuntado en el horario normal de clase.

Un último apunte sobre la gestión del ámbito extracurricular. Es imprescindible que en el seno del equipo directivo esté presente el responsable del ámbito extracurricular. Muy recientemente, en un colegio bien conocido por mí, me encontré con que el que estaba informando de las novedades en el ámbito de las actividades extracurriculares era el administrador... En los centros más grandes, esta figura se dedicará en exclusiva a esta tarea, en los medianos o pequeños podrá ser un profesor que dedique parte de su horario a esta responsabilidad. El objetivo consiste en que el ámbito extracurricular se sienta con pleno derecho en el equipo directivo. Solo así se podrá asegurar ese tránsito tan deseado de lo curricular a lo extracurricular además de trabajar por una integración plena de todo ese conjunto de actividades educativas tan significativas para muchos de nuestros alumnos, asegurándonos así de que no se convierta en un satélite aislado abandonado a su suerte y movido por criterios poco arraigados en nuestro proyecto educativo.

Para que en la EC sea sostenible el ámbito extracurricular debe estar completamente imbuido de los criterios educativos emanados de nuestro proyecto educativo. Estas reflexiones nos invitan a ser, de nuevo, absolutamente innovadores también en este campo, si lo contemplamos desde la fuerza de nuestro proyecto, abandonando así propuestas que responden solo a las urgencias de las familias o a las modas sociales.

c) Poner el proyecto a trabajar en el ámbito educativo pastoral

Conviene recordar que el proyecto pastoral de la EC no está por encima de su proyecto educativo, sino que la pastoral que se plantee debe situarse al servicio de aquel. Lo hemos afirmado ya de la mano del magisterio de la Iglesia, pero conviene recordarlo: la justificación de la EC no reside en que la escuela nos permita «hacer pastoral». No existe ninguna superioridad del ámbito pastoral sobre el ámbito académico, como si este fuera una mera circunstancia que nos permite proponer actividades pastorales y que, por tanto, debe estar dispuesto a abrir paso a los planes de pastoral a cualquier pecio. De ahí que también haya que plantearse qué tipo de acción pastoral asegura la sostenibilidad de nuestro proyecto educativo. No cualquier planteamiento de actividad hará sostenible la EC.

El documento antes citado de la Sagrada Congregación de la Educación Católica, *Dimensión religiosa de la educación católica*, aborda directamente el modo en el que la EC lleva a cabo su aportación a la misión pastoral de la Iglesia:

> La Iglesia, reflexionando sobre la misión que el Señor le confió, escoge en cada momento los medios pastorales que cree más eficaces para el anuncio evangélico y la promoción completa del hombre. Considerada en este marco, también la escuela católica desempeña un verdadero y específico servicio pastoral, pues efectúa una mediación cultural, fiel a la nueva evangélica y, al mismo tiempo, respetuosa de la autonomía y competencia propias de la investigación científica (n. 31).

La afirmación no puede ser más clara: la EC *ya* lleva a cabo su misión pastoral cuando despliega su función de *mediadora cultural,* tal como la describimos anteriormente cuando invitábamos a poner a trabajar el proyecto en el ámbito académico curricular. Podríamos decir más: es en esa tarea de mediación cultural en la que la EC lleva a cabo su propia y específica aportación a la misión evangelizadora de la Iglesia. Es más, si la EC no se compromete con esta misión que le es propia, ninguna otra plataforma de evangelización lo desarrollará. La cuestión no es definir la EC como una plataforma evangelizadora, sino cuál es el modo que le es propio en el seno y en armonía como las otras plataformas.

Pero esa actividad, afirma el documento, se lleva a cabo en un determinado contexto marcado por el ambiente, la interacción de todos los agentes educativos y en el cual las relaciones que se establecen están fuertemente impregnadas del testimonio personal de los educadores. El compromiso pastoral de la EC exige, por tanto, la creación de un determinado ambiente relacional inspirado en el Evangelio y en el que el testimonio personal de los diferentes educadores brille con claridad. Volveremos más tarde sobre ello cuando abordemos la dimensión relacional del proyecto educativo de la EC.

La EC como sujeto eclesial. La necesidad de desarrollar comunidades de referencia como auténticos lugares eclesiales

El n. 33 del documento que nos ocupa proporciona una afirmación de un enorme calado para la comprensión del lugar de la EC en el conjunto de la misión evangelizadora de la Iglesia sobre el que será necesario profundizar:

La escuela católica tiene desde el Concilio una identidad bien definida: posee todos los elementos que le permiten ser reconocida no solo como medio privilegiado para hacer presente a la Iglesia en la sociedad, sino también como verdadero y particular sujeto eclesial. Ella misma es, pues, lugar de evangelización, de auténtico apostolado y de acción pastoral, no en virtud de actividades complementarias o paralelas o paraescolares, sino por la naturaleza misma de su misión, directamente dirigida a formar la personalidad cristiana (n. 33).

En efecto, la EC queda definida nada más y nada menos que como *sujeto eclesial*. Creo que ha llegado el momento de extraer todas las consecuencias de esta propuesta tan radical, y para ello será necesario plantear algún tipo de reflexión sobre la situación de vivencia religiosa y de fe en las que están inmersos nuestros colegios.

Todos compartimos la opinión de que vivimos en tiempos de una profunda descristianización, con la consiguiente ruptura de los procesos de transmisión de la fe. Frente a esa realidad, la Iglesia sigue proponiendo el modelo territorial parroquial como el medio más adecuado de promover y estructurar las comunidades cristianas que tienen que proporcionar el marco completo y adecuado para la vivencia de la fe. Sin embargo, constatamos las grandes dificultades que este modelo tiene para responder a ese reto. Las parroquias siguen en gran medida los esquemas reactivos que intentan responder a la escasa demanda. Por otra parte, constatamos también una cierta efervescencia de nuevos carismas que convocan mucho más allá del paradigma territorial y que, en muchos casos, son los que acuden a las parroquias territoriales con el fin de revitalizarlas con nuevas experiencias espirituales y comunitarias. Así nos encontramos con que los creyentes que participan en la vida comunitaria de muchas parroquias son de origen muy variado y no necesariamente de su estricto perímetro territorial.

Por otra parte, constatamos la impotencia que muchos de nuestros programas de acción pastoral manifiestan a la hora de dar continuidad a la vida de fe de nuestros alumnos, profesores y familias. Preparamos con cariño e intensidad la iniciación a la oración, grupos de reflexión y de oración e incluso procesos catequéticos sacramentales, como es el caso de la comunión y de la confirmación, y no dejamos de sentir el fracaso de la escasa continuidad de todos esos esfuerzos a la hora de arraigar un auténtico camino personal de fe, aunque solo sea para unos pocos que se sienten llamados. Sentimos, y luego profundizaremos más en ello, que seguimos con esquemas más parecidos a una pastoral de cristiandad que a una situación de descristianización como la que estamos viviendo.

Dos datos, por tanto: por una parte, la ausencia de comunidades cristianas capaces de acoger y acompañar la vida de fe de niños, adolescentes, jóvenes y adultos, y, por otra, una práctica pastoral fundamentada en toda una serie de actividades que no consiguen introducir a los destinatarios en un entorno real de vivencia de la fe, porque son percibidas de manera aislada, a pesar de su posible impacto.

Creo que ha llegado el momento de asumir con profundidad y radicalidad la identidad de la EC como sujeto eclesial: necesitamos hacer brotar en cada una de nuestras escuelas auténticos lugares eclesiales, comunidades reales en donde se viva la fe de todos aquellos que, en ese entorno en concreto, quieren crecer en su vida de fe, sean el número que sean, como condición indispensable para cumplir con su misión evangelizadora. Esa comunidad de vida real se convierte así en la comunidad de referencia para toda la acción pastoral. En palabras de Javier Alonso:

> Si consideramos la escuela como un verdadero sujeto eclesial, debería organizarse como si fuera una verdadera parroquia en la que el ámbito territorial quedaría sustituido por la comunidad educativa (padres, alumnos, exalumnos y educadores). Tomando como referencia la comunidad cristiana primitiva, la escuela católica debería ser un espacio donde se viva la experiencia de comunión que brota de la experiencia del encuentro con Cristo[14].

Antes de seguir extrayendo todas las perspectivas de fecundidad que pueden emanar de esta propuesta, puede ser esclarecedor añadir una nueva luz sobre este cambio de mirada. Una de las grandes preocupaciones que todos compartimos sobre el presente y el futuro de la EC tiene que ver con el reto de la identidad. La debilidad de las instituciones religiosas que dieron lugar a lo que hoy llamamos colegios católicos, lo hemos explicado antes, nos coloca a menudo ante un panorama de cierto desvalimiento frente al reto de seguir siendo lo que queremos ser. Desaparecido el gran transmisor de la tradición, la institución de los religiosos y religiosas nos preocupa quién va a seguir aportando la fuente identitaria. Pues he aquí un camino que me atrevo a calificar de signo de los tiempos. Estas nuevas comunidades pueden ser el lugar en el que la experiencia carismática encuentre su camino de fecundidad futura. La identidad como fuente de inspiración educativa no se mantendrá desde el control ni por medio de cursos y encuentros de formación

---

[14] Suscribo la propuesta que al respecto ha planteado J. ALONSO, «La comunidad cristiana en el seno de la Escuela Católica», en *Padres y Maestros* 326 (junio de 2021), pp. 27-32.

carismática, sino por medio de estos nuevos lugares de vivencia evangélica carismática en los que los laicos puedan encontrar el desarrollo de su vida de fe.

Pero para eso es necesario profundizar en el proceso de eso que llamamos misión compartida, cuyo principio y fundamento reside en el convencimiento de que el carisma no es propiedad de los religiosos y religiosas, sino que les trasciende, y su fecundidad no queda reducida al gozo de la vocación consagrada, sino que pertenecen a todo el pueblo de Dios y, por tanto, son capaces de dar sentido al compromiso educativo de los laicos que se sienten llamados a esa misión. Este proceso ya se está dando. Me atrevo a afirmar que, en efecto, hay menos vocaciones religiosas a tal o cual carisma educativo, pero junto a eso afirmo con rotundidad que hoy hay muchas más vocaciones de educadores creyentes laicos de ese tal o cual carisma educativo. La suma actual gana a la del pasado. Es más, he tenido la fortuna de encontrarme con laicos que han llegado a una vivencia más profunda y renovada de ese mismo carisma que los mismos religiosos. En un reciente encuentro de religiosas y laicos de un determinado carisma educativo, uno de los asistentes señaló como un signo de los tiempos la especial y particular vivencia que los laicos estaban aportando a la vida del carisma. Creo sinceramente que esta propuesta de comunidades carismáticas de referencia es uno de los caminos por donde el Espíritu está llamando a la EC. Ejemplos ya los hay, y encontramos aquí y allá atisbos de por dónde puede de verdad construirse la sostenibilidad de la EC[15].

---

[15] Se trata de un interesante proceso de «desprivatización» de los carismas. Cf. J. Cortés, «Liderazgo en la vida religiosa», en *Frontera Hegian* 111 (2021), especialmente pp. 15-19.

Como se puede intuir, esta propuesta no tiene carácter instrumental, como si tratara de poner en pie una especie de instrumento para hacer pastoral. Su alcance va mucho más allá y puede llegar a convertirse en una de las claves de un futuro mejor para la EC, porque apunta directamente al carisma como experiencia de fe personal, no solo como un determinado modo de plantear la misión educativa.

Asumir esta nueva perspectiva significa que la promoción y constitución de esta comunidad se convierte en el primer objetivo de cualquier planteamiento pastoral. Ya no nos lanzamos a la búsqueda y captura de catequistas o de agentes de pastoral que, con gran esfuerzo y en muchas ocasiones con escasos resultados, dedican abnegadamente parte de su tiempo durante un período de tiempo para intentar liderar procesos catequéticos y pastorales que acaban culminando en bonitas celebraciones o más bien en fiestas familiares de comunión o de confirmación sin ningún tipo de integración en dinámicas de crecimiento en la fe. Creo sinceramente que ha llegado ya el momento de dar un giro a nuestros esquemas pastorales, abandonando ya definitivamente ese «algo les quedará» que no hace más que funcionar como mero consuelo. Los tiempos han cambiado mucho y es imprescindible tomar buena nota de ello, no para descafeinar el rico mensaje del Evangelio, sino justamente para darle el escenario en el que pueda ser sembrado y desarrollarse.

Sin sujeto eclesial no hay posibilidad alguna de pastoral coherente. Nos limitaremos a seguir acumulando planes de pastoral encarnados en calendarios redundantes repletos de actividades que repetimos año tras año. Dejemos de llamar a catequistas y agentes de pastoral para cubrir las necesidades y así encajar el engranaje y dediquémonos más bien a convocar para vivir la fe, a proponer un espacio eclesial real y concreto en el que vivir la fe. Desde esta perspectiva no tiene mucho sentido ir cazando catequistas que vienen a cumplir con su compromiso, pero no comparten nada más allá. Dejemos de llamar para trabajar y atrevámonos a convocar para vivir un carisma.

El documento del año 1997 *La Escuela Católica*, de la Sagrada Congregación para la Educación Católica, apunta en la misa línea:

> Además, la apremia [a la Iglesia] a promover auténticas comunidades cristianas que, precisamente, en virtud de su proprio cristianismo, vivo y operante, puedan ofrecer en espíritu de diálogo una contribución original y positiva a la edificación de la ciudad terrena y, con tal fin, la estimula a potenciar sus recursos educativos (n. 12).

Aquí está la invitación, *crear comunidades cristianas*. Muy probablemente, estas palabras no fueron redactadas con el fin de concretarse en la propuesta que hacemos, simplemente porque en aquellos tiempos eran las comunidades de religiosos y religiosas quienes de alguna manera eran el alma de esa comunidad. Eran los religiosos y las religiosas los que se encargaban de las celebraciones y de los procesos pastorales y catequéticos y, de alguna manera, proporcionaban ese lugar eclesial. Hoy la situación ha cambiado radicalmente ante la ausencia de religiosos. Pero no por eso debemos renunciar al ideal de esa comunidad de referencia, sino todo lo contrario, hoy más que nunca –dada la enorme descristianización de nuestra sociedad– parece imprescindible promover esos lugares eclesiales.

Tal como apunta Javier Alonso:

En la Iglesia católica, la parroquia ha sido el lugar ordinario de desarrollo de la comunidad cristiana, pero no el único. Los cristianos pueden agruparse de otros modos diferentes al de la parroquia. La escuela católica puede ser un ámbito donde se engendre una comunidad cristiana reunida en el nombre del Señor Jesús, que expresa la comunión con la Iglesia local y esté dinamizada por el carisma específico. Podríamos llamarla «parroquia escolar» en los que encontraríamos los elementos básicos de la parroquia, a excepción de la territorialidad y los elementos propiamente jurídicos[16].

Este proyecto de lugar eclesial carismático se constituye además en una gran oportunidad para las comunidades de religiosos y religiosas que todavía puedan estar presentes en nuestras escuelas. Mucho se habla y se ha hablado de cuál es el papel de los religiosos jubilados profesionalmente en nuestros colegios. He aquí un proyecto claro y definido que dará un sentido mucho más profundo que esas recomendaciones espirituales de que hay «que hacerse presentes», tarea realmente difícil de concretar una vez que toda la dinámica del colegio, sea académica, extracurricular o pastoral, se ha desvinculado totalmente de la comunidad de religiosos local, en el caso de que la haya.

Me atrevo a afirmar que sin este horizonte la pastoral de nuestros colegios no será sostenible. Eso no significa que no se sigan haciendo actividades. Los calendarios se llenarán y se cumplirán, se irá a la caza y captura de posibles catequistas o agentes de pastoral que, con toda su buena voluntad, se entregarán a las tareas, pero no conseguiremos integrar a los pocos o muchos alumnos con sensibilidad re-

---

[16] J. ALONSO, «La comunidad cristiana en el seno de la Escuela Católica», a. c., p. 30.

ligiosa en una vivencia más plena de su propio itinerario de fe en cada uno de nuestros entornos carismáticos. Y entonces los pocos o muchos de nuestros alumnos que tengan esa sensibilidad religiosa se irán tras otras experiencias carismáticas mucho más acordes con sus necesidades, como ya nos está ocurriendo.

Quizá nos encontremos también ante una gran oportunidad para poner en pie lugares eclesiales más acordes con el magisterio del papa Francisco[17]. Unas comunidades donde se ponga en juego de verdad la participación y responsabilidad de los laicos y donde el ministerio sacerdotal se sitúe en el lugar que le es propio.

Pensamos en una comunidad que sea, en primer lugar, referencia para la vida cristiana de los propios agentes de pastoral. El primer objetivo consistiría en acompañar la propia vivencia cristiana de las personas comprometidas en las acciones pastorales. Urgidos como estamos por las necesidades de los compromisos, nos olvidamos de las enormes dificultades que los cristianos tenemos para vivir el encuentro con Dios en nuestras vidas. Lo ideal sería que todos los agentes de pastoral fueran miembros activos de esa comunidad de referencia de tal manera que su propio testimonio de vida ya fuera una invitación a la incorporación a esa comunidad.

No estamos pensando en comunidades rígidas, sino más bien en comunidades flexibles, abiertas y porosas, en las que puedan tener cabida las inquietudes y debilidades de los cristianos de hoy en día. Comunidades centradas radicalmente en la dimensión celebrativa, muy en especial en

---

[17] Todo su magisterio está impregnado de orientaciones muy claras sobre el modelo de Iglesia que propone, pero quizá sea en *Querida Amazonia* donde mejor describe su «sueño eclesial», a partir del n. 61.

la eucaristía, en la que se visibiliza la vida cristiana y en el seno de la cual las diferentes iniciativas pastorales encuentran su integración celebrativa.

Estas comunidades deberían constituir el lugar natural y «visible» donde desarrollar los procesos personales de los destinatarios de esa acción pastoral y donde pudieran también encontrar posibilidades de socialización religiosa.

Una pastoral personalizada en el seno de una educación vocacional

Todos conocemos las dinámicas de nuestros equipos de pastoral. Planes con objetivos que se concretan en toda una serie de actividades que van jalonando el calendario del curso junto con el gran esfuerzo para encontrar educadores que se comprometan de verdad a llevar a cabo todo ese abrumador programa. Se suceden las convocatorias y las campañas pensando en la mayoría de los casos en llegar al mayor número de alumnos posible.

Frente a este paradigma de mensaje general, a la espera de que cale lo más posible en el mayor número de personas, creo que deberíamos optar por el modelo que propuse más arriba en el ámbito extracurricular. Si realmente hemos desplegado en nuestras escuelas una educación auténticamente vocacional, habremos detectado año tras año cuáles de nuestros alumnos manifiestan una cierta sensibilidad espiritual o incluso religiosa. Los hay, aunque sean minoría en algunos de los contextos en los que trabajamos. Pues bien, mi propuesta es que practiquemos la llamada personal muy al estilo de lo que Jesús practicó en el evangelio. Se trata de establecer con ellos una relación educativa que contenga la dimensión espiritual o religiosa de manera explícita, y a partir de ahí convocarles a experiencias carismáticas. No se trata en primer lugar de crear grupos de reflexión ni de preparación a ningún sacramento. El objetivo es proporcionarles experiencias que les puedan ir abriendo al encuentro con Jesús.

Cuando presento este planteamiento en el contexto de agentes de pastoral, siempre surge la misma inquietud: ¿no estaremos cayendo en un elitismo selectivo abandonando al resto? Nada más lejos de la realidad. Se supone que mantenemos ciertas propuestas generales destinadas a todo el alumnado que cumplen esa función, pero si de verdad queremos que nuestros carismas sigan siendo una buena noticia, susceptible de convertirse en un camino real de crecimiento en la fe, es necesario localizar, convocar y acompañar a los que se puedan sentirse especialmente llamados.

Y esto que propongo para nuestros alumnos lo hago extensible al trabajo pastoral con educadores y con familias. Imaginemos que se organiza una oración para las familias. El proceso siempre es el mismo. Partimos de una buena iniciativa, la preparamos con el mayor cuidado posible y la anunciamos por nuestros canales habituales de comunicación para que se apunte el que quiera. Llegado el día y la hora aparece quien aparece. Creo que el camino debe ser distinto. Primero deberíamos localizar si hay algunas familias para las cuales la vivencia religiosa constituye un valor. Si las hay y contactamos con ellas, el siguiente paso es invitarles personalmente a un encuentro de oración más bien reducido en el que puedan encontrarse con otras familias en su misma situación además de con otros educadores del colegio en clave experiencial. Si la experiencia va cuajando, serán los mismos miembros del grupo los que irán invitando a otros conocidos que también podrían estar interesados en la iniciativa. No es lo mismo anunciar en la sala de profesores un día de retiro para educadores que acercarse directamente a determinados educadores para hacerles una invitación personal. Pero, claro, para eso es necesario que «alguien» se haya acercado a esos determinados educadores para abrir un canal de comunicación y confianza sobre su vivencia religiosa. Este es para mí el auténtico reto. No practicamos suficientemente ese proceso de seguimiento y acompañamiento.

Creo que es el momento de apostar por un modelo mucho más personalizado y abandonar iniciativas generales que siguen recordando otros tiempos de cristiandad en todos los ámbitos de la actividad pastoral, alumnos, educadores y familias. Todos los análisis de nuestro momento cultural actual nos muestran con claridad que la sensibilidad espiritual no solo no ha disminuido, sino que es una realidad en alza.

Nuestro proyecto educativo-pastoral no será sostenible si no vamos más allá de ese conjunto de actividades que año tras año nos esforzamos en desarrollar y no conseguimos crear espacios eclesiales en los que se viva y se visibilice.

Una pastoral centrada en la experiencia espiritual y religiosa

Hace ya varios decenios que sigo con atención la evolución de la sensibilidad religiosa de la juventud española. En efecto, los datos de una práctica religiosa católica clásica –asistencia dominical, prácticas, etc.– han ido marcando el escenario, llegando a mostrar una situación de fuerte descristianización. Parece que apenas un 10 % de los jóvenes se manifiesta católico practicante. En el ámbito de las creencias, también las típicas creencias cristianas han ido decayendo, pero no así otro tipo de creencias religiosas, que más bien están en alza. En concreto, según un estudio de la Fundación SM, desde el año 1999 a 2020, la creencia en un Dios Padre que nos cuida y nos ama ha caído del 46 % al 27,7 % y, sin embargo, la creencia en el karma se sitúa en el año 2020 nada más y nada menos que en un 68 %[18]. En efecto, hay crisis de la religión institucionalizada, pero no hay crisis de lo espiritual. Es más, se marchó una determinada clase de religión, pero ha ido brotando una religión difusa.

Esta tendencia me llevó a afirmar hace ya tiempo: «Hoy lo que se demanda es espiritualidad y religión; si lo que ofertamos en pastoral es ética, valores, derechos humanos, ecología o simple ritualismo de cristiandad, nuestros jóvenes canalizarán su insatisfacción espiritual hacia otras formas de religiosidad»[19].

Nuestros alumnos –chicos y chicas– viven ya *de facto* «en»[20] determinadas creencias de tipo espiritual. El hecho de que estén alejados de la religión institucional católica no significa que el mundo espiritual les sea ajeno. Uno de los dramas que vivimos hoy en la Iglesia es que la comunidad cristiana no es percibida como el lugar en el que experimentar y plenificar el deseo de lo espiritual en directa relación con la sensibilidad tan actual hacia la interioridad y la vida afectiva. Más que con el registro espiritual se nos asocia con el registro moral o dogmático. La comunidad cristiana no es percibida como un lugar de experiencia espiritual.

---

[18] Cf. J. M. González-Anleo / I. Megías / J. C. Ballesteros / A. Pérez/ E. Rodríguez, *Jóvenes españoles 2021. Ser joven en tiempos de pandemia.* Madrid, SM, 2021.

[19] J. Cortés, «Religiosidad juvenil y pastoral», en *Misión Joven* 342-343 (2005), p. 21.

[20] Recordemos la frase de J. Ortega y Gasset: «Las ideas se tienen, en las creencias se está».

Nuestra pastoral no será sostenible si no se establece con claridad cuál es su lugar en el conjunto de iniciativas educativas, como son la educación en valores, la educación social y el voluntariado, la educación de la interioridad o la clase de Religión, diferenciándola bien de ese otro tipo de iniciativas y centrándola en lo que le es propio. Para eso es imprescindible definir con claridad el campo propio de la acción pastoral. «Entendemos por la actividad pastoral en la escuela todo el conjunto de acciones educativas que tienen como finalidad promover, educar y acompañar la experiencia religiosa cristiana»[21].

Creo que la pastoral debe tomar nota de dos realidades aparentemente contradictorias, pero que sin duda están conviviendo en nuestra sociedad: por una parte, la desaparición de la simbología católica y, por otra, la sed de espiritualidad que detectamos en nuestra sociedad muy ligada al predominio de lo personal. Sinceramente, los tiempos han cambiado mucho y resulta imprescindible tomar buena nota de ello. El hecho de que nuestros alumnos participen de manera pasiva en algunas de nuestras propuestas pastorales no significa que sean para ellos auténticamente significativas. No cualquier cosa es pastoral en nuestras escuelas, y aquella fórmula de "todo un centro en pastoral» no ha ayudado a clarificar las cosas.

.   Para buscar estos objetivos resulta imprescindible recuperar el espíritu del primer anuncio, pero abandonando el registro dogmático y proponiendo una lectura experiencial y afectiva del evangelio. Esto no significa optar por una espiritualidad descarnada, intimista y alejada del compromiso. Precisamente solo la profundización en la espirituali-

---

[21] Para un desarrollo de esta perspectiva, cf. J. CORTÉS, *La Escuela Católica*, o. c., pp. 186ss.

dad que vive y nos propone Jesús en el evangelio nos descubrirá el auténtico camino hacia el otro y el sufriente como lugar privilegiado de esa presencia del Resucitado. Separar la vía del compromiso de la vía espiritual es una de las mayores traiciones al mensaje del Evangelio. Corremos un doble riesgo en este terreno: la separación, según la cual cada dinámica transcurre por un registro personal distinto, o el reduccionismo, para el que el compromiso del voluntariado constituye ya mi experiencia de seguir a Jesús. Necesitamos una mayor profundización en la radicalidad y especificidad de la experiencia religiosa cristiana y «esencializar» aquí también el anuncio.

No pretendemos en este apartado llevar a cabo todo el necesario desarrollo que estas notas sobre una pastoral sostenible requieren, pero sí llamar la atención sobre la necesidad de elevarnos un poco por encima de nuestras urgencias de actividad pastoral para plantearnos de verdad el nuevo contexto sociocultural en el que nos movemos y, sobre todo, cuál es el papel de la acción pastoral en el proyecto educativo de la EC.

3. El proyecto como inspiración relacional

Hemos visto hasta ahora cómo el proyecto transforma y da sentido a todo el abanico de actividades educativas que se desarrollan en la escuela. La palabra clave es, sin duda, «sentido», es decir, el para qué de todo ese conjunto de propuestas didácticas y educativas por medio de las cuales pretendemos que nuestros alumnos vayan creciendo como personas. Solo el sentido que emana de nuestro proyecto educativo y que conforma todos y cada uno de los ámbitos de la escuela nos podrá liberar de ese activismo feroz que no conduce más que a una excitación constante, con el peligro de convertir nuestras escuelas en parques temáticos.

Pero el proyecto no limita su fecundidad aportando sentido, tal como hemos intentado mostrar, sino que también ilumina el segundo pilar de la educación: la relación. En efecto, la educación es *sentido* y *relación*.

a) La educación es relación

El carácter relacional del proyecto educativo de la EC es radical, es decir, pertenece a su raíz más profunda, porque nace de su propia antropología. Somos constitutiva y esencialmente seres relacionales.

> En efecto, el ser humano es un ser en relación, que se hace a sí mismo en la relación y que, por el contrario, se niega a sí mismo cuando se encierra y se sustrae a la interacción con el otro. El ser humano se hace persona solo en el tú y a través del tú. La soledad, como opción existencial, nos encierra en nosotros mismos y priva de sentido a lo que hacemos, nos incapacita para crecer. El sentido de la vida se muestra a través de las relaciones que la sustentan[22].

En realidad, el ser humano no se hace a sí mismo, sino que más bien «es constituido» por todo el conjunto de relaciones en las que se ha visto inmerso y también por todas aquellas relaciones que han estado ausentes en su propia biografía. La educación no se sustrae de esta dinámica. En ella, la relación no es un mero instrumento para la transmi-

---

[22] J. Cortés / J. A. Viguera, «Educadores en comunidad», en *Kristau Eskola*, p. 9.

sión de determinados contenidos, sino que es ella misma el contenido específico de la educación. El buen profesor de Lengua no pretende solo enseñar la mecánica de la lectura o de la escritura, sino que, en su fuero interno, desea constituir a sus alumnos en lectores o escritores. El buen profesor de Filosofía no pretende solo transmitir los diferentes modelos de ética, sino que busca constituir a sus alumnos en personas éticas. Y este proceso solo se produce cuando hay encuentro, cuando detrás de la cara del alumno ha aparecido su rostro único y personal llamado por el profesor, que no solo transmite los contenidos, sino su propia experiencia apasionada por aquello que enseña, haciéndolo vida compartida. Aquí está una de las claves de la profundidad de la educación, en el momento en que el educador «ha iniciado» al alumno en ese universo que él mismo vive de manera gozosa. Educar es abrir a otros mundos, incorporar a nuestros alumnos a ese nuevo ámbito. Por esta vía es por la que la relación educativa manifiesta su especificidad en toda la constelación de relaciones que rodean al alumno. Su finalidad es llevar al alumno a territorios ignotos, a mundos creados por la cultura humana y que le pueden llevar a un mayor conocimiento de la condición humana y de la propia naturaleza.

Toda la tradición de la educación católica ha hecho de la relación uno de sus pilares básicos precisamente porque ha visto en el alumno toda su dignidad como criatura amada por Dios y llamada a desarrollar su propia vocación. En palabras de Domingo Lázaro, educador marianista, «el niño, el adolescente, es una persona con todos los atributos de tal, los derechos y las posibilidades de tal. Y quien dice persona dice pensamiento, voluntad libre, sagrada e inviolable, ante la cual el mismo Dios se detiene en magna reverencia».

«Educación a distancia» es sencillamente un oxímoron. Sin encuentro con un tú no hay educación. A lo más que se puede llegar es a una enseñanza a distancia que asegure el acceso a determinados contenidos meramente instrumentales, pero la auténtica educación requiere de manera inexorable que el otro, el alumno, emerja del anonimato para llamarle por su propio nombre y así colaborar a constituirlo en un yo autónomo en busca de su propia vocación.

b) *La escuela como ecosistema relacional*

Cuando hablamos de relación en educación, solemos centrarnos en la relación educador-alumno y, ciertamente, es la relación más nuclear y la que constituye el corazón de la misión educativa. Sin embargo, resulta enriquecedor tomar algo de distancia y contemplar todo el universo de relaciones que se establecen en el conjunto de la escuela. Esta perspectiva nos muestra, además, una realidad bien interesante. Resulta que en una escuela lo único que de verdad se dan son relaciones. No hay otro «producto», si se me permite hablar en esos términos. La calidad de una escuela viene marcada por la calidad, autenticidad y profundidad de las relaciones que en ella se establecen. Pues bien, el proyecto educativo de la EC, si quiere de verdad ser sostenible, debería también decir su palabra sobre cada una de ellas.

Esta mirada ampliada nos descubre nada más y nada menos que ocho relaciones básicas en la escuela.

– *La relación educador-educando.* Se sitúa, ya lo hemos apuntado, en el mismo corazón de la escuela. Estamos en el

114

registro de la relación entre maestro y discípulo sobre la que la gran figura del Maestro en el evangelio emerge como paradigma absoluto. Es el Jesús resucitado del relato de Emaús que camina con los discípulos, se interesa por su vida, les aporta luz sobre ella y al final les abre a la experiencia del encuentro más allá de la mera transmisión de información.

– *La relación entre los alumnos.* La escuela debería ser el lugar donde se aprendiera también el difícil hábito de la convivencia social, con todo lo que ello conlleva. En este punto echamos de menos una mayor participación de los mismos alumnos en la gestión de su propia convivencia. A menudo somos los educadores los que establecemos las reglas de juego de la convivencia escolar y nos ocupamos después de que sean cumplidas. La sociedad necesita de ciudadanos que asuman con mayor responsabilidad su protagonismo en la convivencia social, caminando así hacia una mayor conciencia de la ciudadanía global a la que todos estamos llamados.

– *La relación entre los educadores.* No se trata de limitarse al establecimiento de ciertas coordinaciones. La calidad de la educación también depende de la calidad de la comunidad de los educadores que la desarrollan. Es necesario poner en pie una autentica comunidad de educadores en la que la se dé una profunda comunión de visiones y de ideales. La tribu, entendida como todo el conjunto social en el que viven nuestros alumnos, educa, pero con mucha mayor razón la pequeña tribu que crea el entorno escolar en que el alumno encuentra encarnado todo un estilo de vida que hace real y cercano ese ideal de persona y de mundo que emana de nuestro proyecto educativo de EC.

– La relación del educador con la identidad y la tradición educativa de la escuela a la que se incorpora. He aquí una relación fundamental y básica para que el proyecto educativo de la escuela católica sea sostenible. Lo apuntábamos más arriba: la debilidad de la presencia de la institución religiosa necesita de medios para que esta relación sea de verdad intensa y sobre todo configurativa del educador. No se trata de un mero conocimiento intelectual de la tradición, sino de que esta se constituya en la fuente que alimente y dé forma al educador en todas las facetas de su actividad educativa. Si esta relación no es poderosa, será imposible constituir la comunidad educadora de la que hablábamos antes, y menos todavía podrán desarrollarse las relaciones educador-educando.

– La relación de los educadores con la propia organización escolar. Sabemos que una de las grandes dificultades con las que nos encontramos en el día a día de nuestras escuelas es la de conseguir la participación activa y el compromiso de todos los educadores no solo con el proyecto educativo, sino con los diferentes planes de actuación que vamos proponiendo a lo largo de los diferentes cursos. Necesitamos educadores comprometidos que se consideren auténticos protagonistas del devenir de la escuela y que salgan de una cierta apatía por medio de una relación no distante, sino de implicación con la organización escolar, huyendo de la gran tentación: encerrase cada uno en el campo que le es propio, su propia aula, desentendiéndose del devenir general.

– La relación escuela-familia. La familia constituye el elemento fundamental de la educación de nuestros alumnos, y es imprescindible articular una sana relación con ella desde la escuela. Sabemos que aquella alianza entre adultos, escuela y familia que se dio en otros tiempos hoy goza de

menos salud. De ahí la importancia de plantearse proactivamente cómo queremos liderar desde nuestro proyecto educativo en relación. Me parece imprescindible asumir una actitud proactiva desde el mismo momento en que el niño se incorpora al colegio. Eso significa comunicar con sinceridad y claridad cuáles son las claves de nuestro proyecto educativo y, por tanto, los grandes criterios que se pondrán en juego a lo largo de la etapa escolar, adelantándose siempre a los posibles desencuentros. Un ejemplo: antes de incorporar cualquier modelo digital será necesario explicarlo, argumentarlo y justificarlo desde nuestro proyecto educativo. El gran peligro consiste en caer en el repliegue defensivo en momentos en los que la escasez de alumnos nos puede llevar a una constante cesión ante las familias y sus intereses o demandas más inmediatas.

– *La relación de la escuela con la sociedad.* La educación es sin duda uno de los temas que apasiona en los debates sociales y, sin embargo, resulta llamativo la poca participación de los propios protagonistas de la educación, los educadores, en esos mismos debates. Determinadas asociaciones de padres y madres, los mismos políticos o incluso los tertulianos cotidianos se hacen oír con opiniones cuando no con exigencias basadas en percepciones sesgadas y completamente alejadas de planteamientos verdaderamente profesionales. Es imprescindible que la EC se plantee y asuma su necesario protagonismo en la sociedad más allá de caer en la mera reivindicación de sus propios derechos. Sabemos de educación, y nuestra fecunda trayectoria lo demuestra. Nuestra sociedad necesita de nuestra palabra educativa como una buena noticia, iluminadora y, por tanto, innovadora, que haga auténticas aportaciones de valor universal.

Como en otros temas que hemos ido abordando anteriormente, todas estas relaciones necesitan de una mayor profundización y concreción. Nuestro objetivo no consiste tanto en agotar todos los temas cuanto en proporcionar un mapa ordenado sobre los ámbitos en los que es necesario actuar si de verdad queremos trabajar por la sostenibilidad de la EC. Cada una de estas relaciones debe ser contemplada, trabajada y moldeada a la luz de nuestro proyecto educativo. Poner el proyecto a trabajar en el ámbito relacional.

3

LA SOSTENIBILIDAD DE LAS PERSONAS

Si en cualquier organización el factor humano es fundamental, en el caso de la educación es nuclear. Lo hemos comentado ya: en la escuela no se dan más que relaciones, y eso significa que el elemento humano, las personas, lo son todo. Me gusta recordar en los encuentros de profesores, cuando se acumulan los lamentos por las circunstancias en las que nos toca desarrollar nuestra tarea educativa, que grandes innovadores en la historia de la educación, digamos Milani, Freire, Montessori o Freinet, no pusieron en juego grandes estructuras ni contaron con grandes medios para implantar sus nuevos modelos revolucionarios y auténticamente innovadores. Simplemente, les movía una profunda intuición sobre las claves de lo que es educar, y era esa clave la que *ellos mismos encarnaban directamente y en persona con sus alumnos.* La importancia del elemento humano, la centralidad de la figura y del papel del profesor.

La EC tiene ante sí como absolutamente primordial no el reto de la innovación, sino el reto de *hacer sostenible la figura del educador cristiano.* Creo que debemos plantearnos el reto en estos términos. ¿Cómo hacer para que hoy, en este presente, y sobre todo en el futuro, nuestras escuelas estén habitadas por educadores vocacionados que encuentren en nuestros carismas la fuente e inspiración de su desarrollo vocacional? No nos engañemos: si no lo conseguimos, la EC no será sostenible.

Quizá convenga empezar por reconocer nuestros propios errores. El primero de ellos se ha podido dar en el proceso de contratación. Exigencias exógenas, como los programas de bilingüismo, de muy dudoso éxito por otra parte, han introducido criterios de selección e incluso de formación que nos han podido conducir a incorporar profesores poco adecuados para el desarrollo de nuestro proyecto. Por otro lado, no se trata de incorporar a educadores simplemente porque sean creyentes practicantes o porque en un futuro puedan llegar a ser responsables de pastoral sin llevar a cabo otras comprobaciones en el ámbito de las competencias más directamente relacionadas con la vida de la escuela. Ni una cosa ni la otra.

Por otro lado, nos encontramos con que, una vez incorporado el nuevo profesor, queda abandonado a su suerte sin seguimiento ni acompañamiento, sin un cuidado de la persona, sin un horizonte de desarrollo personal y profesional, más allá de algunos encuentros o cursos de formación carismática. En definitiva, no creo que hayamos asumido la imperiosa necesidad de que nuestros equipos directivos deben incorporar el trabajo con las personas como su absoluta prioridad. No me refiero a contratar a algunos responsables de recursos humanos en una lejana central, la mayoría de ellos completamente ajenos al mundo de la educación, y que aparecen de vez en cuando para determinadas intervenciones. Se trata de introducir en la agenda de los equipos directivos esa tarea. Mi experiencia es que sí es posible siempre y cuando se oriente y se forme para este ámbito de trabajo.

Si queremos afrontar este reto, necesitamos establecer la mejor manera posible de llevar a cabo los tres momentos de la vida de los educadores en su progresión: la incorporación, el seguimiento, el acompañamiento y el cuidado, y el desarrollo personal y profesional.

1. El proceso de incorporación

La forma y manera en la que nombramos manifiesta claramente el sentido que le damos a eso que nombramos. La expresión «proceso de selección», peor aún la de «contratación», me parece parcial e incompleta para referirnos al proceso por el que vamos renovando o ampliando nuestros equipos de educadores. La selección constituye el primer paso de un proceso mucho más amplio: seleccionamos para *incorporar* nuevos educadores a nuestra escuela. El matiz es importante y de capital importancia para la sostenibilidad de las personas, como veremos más adelante. En cualquier caso, es imprescindible elaborar una planificación de las necesidades de incorporación y dedicar tiempo y recursos a ello. Se puede contar con ayudas externas de algún profesional para determinados momentos del proceso, pero es el equipo directivo el que se debe comprometer de lleno en el proceso siendo el protagonista de él.

a) La convocatoria

La convocatoria para cubrir una determinada plaza en nuestros colegios tiene que ser amplia y clara. Por amplia entiendo aprovechar los lugares que, en la red, existen para comunicarse con y entre profesionales. No se trata de tirar de conocidos o de la inmensidad de CV que recibimos en los colegios y que, en sí mismos –y salvo raras excepciones– no nos ofrecen especiales criterios para discriminar. Hay que abrirse a círculos más amplios.

Por clara entiendo que no se trata solo de anunciar que necesitamos tal o cual profesor con su titulación correspondiente, explicando que somos un colegio de ideario católico. Hay que decir con claridad que estamos buscando un *educador* que posea determinada titulación académica. El matiz es muy importante. Un colegio con fuertes creencias educativas y pedagógicas inspiradas en la utopía del Evangelio de Jesús está buscando educadores vocacionados con unas determinadas condiciones de titulación. El resto, abstenerse. El estilo de la convocatoria ya dice mucho de cuáles son nuestras expectativas.

b) La selección

Una vez que contamos ya con varios candidatos, la selección debe basarse en la comprobación de cuatro condiciones claras. Cada una de ellas debe ser comprobada como condición *sine qua non* para pasar a la siguiente.

– La primera de ellas consiste en comprobar a fondo la calidad de la vocación educativa del aspirante. Considero que es el punto de partida nuclear a la hora de discernir el valor de un candidato a incorporarse a la EC. No debemos dar por supuesto que todos la tienen. Mi experiencia a lo largo de los años me ha mostrado que no todo el que opta por el ámbito de la educación posee una clara y definida vocación educativa[1]. He ido comprobando con el paso del

---

[1] Noticia de *El País*, 5 de agosto de 2024. El subrayado es mío: «Cada vez hay más dificultades para cubrir vacantes en algunas materias, como Informática en Formación Profesional (FP), pero también empieza a haber dificultades para cubrir

tiempo que las motivaciones extrínsecas han ido adquiriendo una importancia mayor, disminuyendo las más genuinamente intrínsecas y no digamos ya las trascendentales. Esta impresión me ha sido corroborada por el estudio de la Fundación SM *El profesorado en España 2023,* donde se hace una comparativa con el mismo estudio del año 2007. Cuando se les pregunta por qué han elegido esta profesión, los profesores que llevan más de treinta años en educación triplican a los que llevan menos de diez a la hora de situar la vocación como el primer motivo. El informe constata también que «resulta llamativo que contribuir a la mejora de la sociedad se sitúe entre los motivos menos elegidos». Otro dato revelador del informe: los profesores que abandonarían la profesión docente si encontraran otro trabajo en el año 2023 duplican a los que lo hacían en el informe del año 2007[2]. Creo que son datos sobre los que conviene reflexionar. Muy probablemente estemos en tiempos de mucho menor entusiasmo hacia la misión educativa como dedicación encaminada fundamentalmente a la transformación de las personas con el fin de conseguir un cambio en el mundo. Tal como hemos apuntado al principio, no parecen estos tiempos de grandes compromisos utópicos, de ahí la necesidad de llevar a cabo esta primera comprobación sobre la profundidad y calidad de la vocación de los aspirantes.

Aunque a veces el mismo profesorado se sorprende, las motivaciones extrínsecas tienen un peso importante a la hora de la opción profesional por la educación, quizá –esta

---

plazas en Matemáticas, Lengua, Biología», señala Isabel Galvín, responsable sindical de Educación de CC.OO. *«La vocación en la enseñanza cae a marchas forzadas* porque los profesionales buscan emplearse en otras industrias o sectores».

[2] *El profesorado en España, 2023. Educo-barómetro.* Madrid, Fundación SM, 2023.

es mi opinión– porque tienen idealizado el «mundo de fuera». Algunos creen ingenuamente que en otros ámbitos laborales todo va mejor, empezando por la misma retribución económica. Nada más lejos de la realidad. En el mundo educativo, las motivaciones extrínsecas ganan por goleada: conciliación casi perfecta entre la vida laboral y la vida familiar, seguridad del puesto de trabajo casi absoluta; ¿alguien ha oído hablar de puestos de trabajo que se amortizan de manera masiva en educación, como es el caso de la banca, por ejemplo?; libertad de acción: una vez en su clase, el profesor es el dueño de su modo de hacer, poco control y poca exigencia; retribución no demasiado alta, pero asegurada de por vida, sin depender de los vaivenes de la situación económica, etc.

No basta con que un candidato confiese que «le gustan los niños». Esta motivación vocacional hace referencia a un sentimiento personal muy a menudo alejado de la dura realidad del día a día de la educación, porque, ¿qué pasará cuando le dejen de gustar? La vocación consiste en sentirse requerido, en algunos casos hasta urgido, por dedicar la vida al mejor desarrollo de nuestros educandos. Algo poseemos los adultos vocacionados que nos lleva a desear y a trabajar para que nuestros alumnos lo desarrollen en sus propias vidas, porque tenemos el profundo convencimiento de que entregándoles ese tesoro conseguirán su mejor desarrollo personal y así contribuirán a la construcción de una sociedad más justa. Lo decíamos antes: al profesor de Ética vocacionado no le basta con transmitir los sistemas éticos, sino que busca denodadamente que sus alumnos sean personas comprometidas éticamente en su vida personal y en su integración social. Del mismo modo, el profesor vocacionado de Lengua persigue que sus alumnos sean lectores, descubriendo así el enorme valor del lenguaje como modo de decirse a sí mismos y de comunicarse.

La vocación se puede y se debe comprobar y, si no estamos seguros de su presencia en el candidato, es mejor no pasar al examen de otras condiciones necesarias.

– La segunda condición tiene que ver con la calidad y las fuentes de su sueño educativo. No hay vocación educativa sin sueño educativo. Y en él encontramos el lugar al que el educador quiere llevar a sus educandos mediante el proceso educativo que les propone. Una vez comprobada la vocación, es necesario conocer en profundidad cuál es ese sueño al que el candidato aspira, cuál el puerto que le gustaría alcanzar y cuál la situación ideal en la que se imagina a sus alumnos. Si alguien expresa ese lugar común de que «los niños sean felices», será necesario entrar de lleno en su concepto de felicidad para que manifieste con claridad qué actitudes, valores y conductas de sus alumnos manifestarían esa, para él, felicidad deseada. Si alguien apuesta por la máxima «que sean ellos mismos», tendremos que profundizar en cómo el candidato cree que las personas encontramos nuestro propio camino.

Todo sueño educativo tiene su origen y su fuente. Se suele decir que educamos en contra de lo que rechazamos de la educación recibida y a favor de lo mejor que en ella hemos encontrado. Puede ser el camino para entrar en las fuentes del sueño educativo del candidato. ¿Cuál ha sido su experiencia como educando?, ¿qué salvaría y qué cambiaría de manera radical?, ¿dónde ha encontrado la imagen de su proceso educativo ideal?, ¿hasta qué punto lo ha buscado en los grandes pedagogos de la historia de la pedagogía?, ¿con cuál de esas tendencias se encuentra más identificado? Muy probablemente, el candidato no se haya planteado estas preguntas en estos términos, pero sus respuestas nos van a decir mucho sobre su nivel de profundidad personal y profesional.

En este contexto del proceso es en el que debe aparecer nuestra identidad cristiana como fuente de nuestro sueño educativo. No se trata de examinar al candidato sobre su experiencia de fe, sino de mostrar con toda claridad que nuestra identidad encuentra en el Evangelio su fuente inagotable, su riqueza inigualable, porque nos provee de todo lo necesario: una utopía educativa, una visión de la persona en su dignidad más absoluta y en su carácter vocacional, modelos educativos de fecundidad contrastada y una visión del mundo como fuente de nuestra construcción de un mundo para todos. Nuestra identidad como fuente no como un corsé limitante que marca un terreno de juego del que no se debe salir y que «tienes que aceptar, porque ya sabes qué clase de colegio es este». Es el momento de desplegar todo el poder de nuestro proyecto educativo con el fin de enamorar al candidato describiendo la enorme fecundidad de nuestros ideales, tanto en el pasado, desde los mismos orígenes, hasta la renovada visión de nuestra tradición en el presente, mostrando cómo hoy estamos respondiendo a los retos que la educación tiene planteados hoy, haciendo gala de la fuerza de nuestros recursos educativos. Es el momento de articular un discurso diferenciador no tanto por los niveles de innovación que desarrollamos, sino poniendo en valor los auténticos recursos de que disponemos: una fuerte utopía educativa que nos permite orientar y dar sentido a todo lo que hacemos, unos modelos educativos fundamentados en la experiencia de Jesús Maestro que proporcionan a nuestros alumnos el entorno relacional adecuado para su crecimiento personal, una comunidad de educadores que viven con intensidad aquellas verdades, bondades y bellezas que deseamos transmitir, una escuela orientada a la transformación social y a la creación de espacios y tiempos en los que vivir los valores y las experiencias de la tradición evangélica. No nos comparamos, nos diferenciamos en positivo elaborando nuestro propio discurso educativo.

No se trata de pedir aceptación y acatamiento, sino de comprobar *el nivel de sintonía* del sueño del candidato con nuestra fuente radical de inspiración educativa. Tampoco se trata de preguntarle si colaboraría en los planes de pastoral. Si el registro de este momento del proceso se sitúa en el nivel del mero consentimiento resignado como condición necesaria para optar al puesto de trabajo, no estamos planteando bien las cosas. El objetivo es comprobar hasta qué punto su universo utópico es susceptible de conectar con el nuestro y así pueda llegar a constituirse en alimento y fuente de su propio sueño. Creo que entre nuestros educadores se da una variedad de adhesiones, algunas de ellas válidas y otras no[3], y es el momento de situar a nuestro candidato en esa variedad. En el fondo, lo que estamos buscando es si realmente vibra con nuestros ideales educativos o simplemente los asume como una realidad externa. Si no encontramos esa sintonía profunda en estos inicios, difícilmente se producirá con el paso del tiempo. Pero, por el contrario, si encontramos indicios que despiertan interés y se abren a nuevas posibilidades, mi experiencia me ha enseñado que es muy posible que esa sintonía crezca.

– La tercera condición se refiere a la comprobación de la inteligencia afectiva del candidato. Si hemos afirmado que una escuela lo que realmente pone en acción son relaciones y solo relaciones, la comprobación de la inteligencia afecti-

---

[3] Para una visión más completa de esta variedad de adhesiones, cf. J. CORTÉS, *La Escuela Católica*, o. c., p. 239.

va del candidato es absolutamente prioritaria. Cuando hablamos de inteligencia afectiva, nos referimos a la calidad de la situación afectiva general de la persona en sus tres vertientes. En primer lugar, la vertiente personal, es decir, en la relación consigo mismo, la propia vivencia equilibrada de sí mismo manifestada en una autoestima consciente capaz de valorar su propia situación personal con sus fortalezas y sus debilidades, asumiendo con claridad aquello que le alimenta y aquello que, por el contrario, le consume energía personal. Esta cierta madurez afectiva se manifiesta en el modo en que narra su propia historia y es capaz de comunicarse con claridad y seguridad. Un punto importante de esta comprobación de la inteligencia afectiva tiene que ver con la resiliencia. El trabajo en educación supone un alto nivel de cansancio afectivo no solo en los ámbitos de relación con los alumnos, sino también en las interacciones con las familias y con la sociedad en general. No cabe duda de que la educación está en el punto de mira de muchos sectores sociales, y es necesario poseer una comprobada resiliencia que permita mantener esfuerzos sostenidos a la espera de resultados en el futuro.

La segunda vertiente de la inteligencia afectiva es la que nos abre a las relaciones con los equipos de trabajo. Afortunadamente, las técnicas de conocimiento personal en situaciones de proyectos o de trabajo común han evolucionado mucho y nos pueden ser de grandísima ayuda para calibrar las cualidades y competencias de nuestros candidatos en este terreno. Utilicémoslas con profesionalidad con el fin de asegurarnos en la medida de lo posible de las capacidades de los candidatos en este terreno.

La tercera vertiente nos lleva a la comprobación de la calidad de la relación con los alumnos. No se trata, lógicamente, de llevar a cabo una prueba en directo con los posibles alumnos. La clave de una buena relación educativa está en una capacidad que considero exigible a toda persona que quiera dedicarse a la educación: la empatía. A diferencia de la simpatía, que es una emoción, conozco a alguien y «me cae simpático», la empatía se aprende hasta convertirla en un hábito que, como todos los hábitos, queda incorporado a la forma personal de ser. Consiste en la capacidad que una persona desarrolla para situarse de la mejor manera posible en la situación del otro. Va mucho más allá de manifestar una cierta comprensión por lo que la otra persona comunica. La empatía supone en primer lugar el silencio interior, acallar todas las emociones positivas o negativas que me produce el encuentro con el otro para después, disciplinadamente, intervenir con el fin de escuchar y comprender qué está viviendo el otro. En el caso de la educación, todos los educadores sabemos que, de entrada, algunos alumnos nos producen simpatía e incluso un cierto deseo de relación, y otros, todo lo contrario. Debemos adquirir el hábito del silencio, esta vez sí, emocional, frente a nuestros alumnos para, en un segundo momento, iniciar un acercamiento con el fin de saber «dónde están» abriendo espacios de encuentro en el que el otro se dice a sí mismo[4]. Frente a esa apertura, respeto y escucha previa a cualquier tipo de intervención.

Del mismo modo que disponemos de un amplio abanico de modos y maneras de evaluar la inteligencia afectiva de cara al trabajo en equipo, existen también propuestas variadas para establecer un diagnóstico de la calidad de la

---

[4] El proceso de la empatía, tal como la estamos planteando, se inspira en la propuesta de C. Rogers, con su psicología humanista plasmada en su terapia centrada en el cliente, expresada en C. ROGERS, *El proceso de convertirse en persona*. Buenos Aires, Paidós, 1972.

empatía de un candidato[5]. Creo que, en general, no se le da a esta capacidad la importancia que merece en el ámbito educativo. Llegar a adquirir hábitos empáticos debería ser una tarea exigible a todo educador, habida cuenta de que estamos hablando de un hábito, no de un simple afecto, y, por tanto, como todo hábito, se puede adquirir con un buen plan de formación y desarrollo.

– La cuarta y última comprobación: saber educativo y capacitación técnica. La intención de las tres primeras comprobaciones consiste en adentrarnos en la medida de lo posible en el ámbito del ser; en esta última queremos conocer bien sus habilidades, competencias y destrezas en el hacer educativo. Si el resultado de las anteriores no ha sido satisfactorio, por mucho que el candidato demuestre un buen nivel técnico, difícilmente llegará a ser el educador vocacionado que necesitamos.

Este último paso queda reducido a veces a que los candidatos elaboren una propuesta didáctica sobre un determinado tema, pero es necesario ir un poco más allá e iniciar esta última parte con una comprobación sobre saberes teóricos. La experiencia nos muestra que los candidatos, especialmente los que proceden de las escuelas de magisterio, han tenido oportunidades para enfrentarse a programaciones didácticas, pero a veces son incapaces de definir temas tan nucleares como cuál es el proceso del aprendizaje tanto en general como en sus áreas específicas. Por otro lado, también se hace necesaria la comprobación de su nivel de contenidos. No todo el que sabe mucho de una materia

---

[5] Existen muchas aplicaciones de este modelo al ámbito educativo. Cf., por ejemplo, L. Schorderet, *La entrevista, su técnica.* Madrid, Oriens, 1975; F. Jiménez Hernández, *La comunicación interpersonal: ejercicios educativos.* Madrid, ICCE, 1979, p. 120.

puede ser un buen profesor, pero ningún profesor lo será sin un buen nivel de contenidos. En el caso, por ejemplo, de los profesores de Lengua resulta imprescindible que demuestre buen conocimiento de las tendencias de la literatura infantil y juvenil, por ejemplo. Necesitamos asegurarnos de que el candidato posee en grado suficiente tanto un buen nivel de saberes educativos como de destrezas didácticas[6]. Es necesario saber mucho para enseñar bien, y por eso es imprescindible comprobar el nivel de conocimientos de los candidatos.

c) La incorporación

Si el candidato ha superado todos los requisitos anteriores, es el momento de darle la bienvenida a nuestra comunidad de educadores, acompañándole en la *incorporación*. La importancia de esta palabra es capital. El que viene se incorpora, no se dedica a desarrollar sus tareas educativas según sus propios criterios. Pero para que se dé esta incorporación debe estar muy claro el *modelo de escuela* al que llega y en el que se debe introducir. Cuando hablamos de modelo de escuela, nos referimos a una descripción objetiva, clara y global de la vida de la escuela. En ella se proporciona una visión armónica de toda la realidad escolar y, a partir de ahí, una descripción de cada uno de los ámbitos que la constituyen.

---

[6] Cf. «Plan de refuerzo escolar: los maestros de primaria recibirán formación didáctica y de conocimientos matemáticos», en *El País*, 22 de enero de 2024. Tras los malos resultados en el informe PISA de 2023 se concluye que uno de los factores que pueden influir es el bajo nivel de conocimientos del profesorado. No todo consiste en la innovación metodológica.

La descripción de cómo ocurría este proceso en los orígenes de todas las tradiciones educativas católicas puede iluminarnos sobre la profundidad de lo que estamos hablando. En esos orígenes, y a lo largo de muchos años, eran las comunidades de religiosos y religiosas las que dirigían y animaban las escuelas. Los que llegaban nuevos, las nuevas vocaciones, realmente se incorporaban a una vida bien definida y a un hacer educativo que estaba bien establecido. Incluso en aquellos momentos en los que la presencia de los religiosos era absoluta se redactaban manuales en los que se especificaba con toda claridad cómo de trabajaba en las escuelas. Es muy interesante recorrer los índices de esos manuales. Al principio se definía qué era la educación y cuáles eran los fundamentos de la pedagogía cristiana a partir de los cuales se iba desgranando cómo se educaban los diferentes aspectos de la persona: la formación intelectual (la atención, el razonamiento, la memoria, la imaginación) la formación moral, la formación y el cuidado del cuerpo, la formación religiosa y espiritual, etc. Por supuesto, se describía con toda claridad cuáles eran las cualidades de un buen profesor, cuál el comportamiento esperado en su relación con los alumnos, cómo se debía afrontar la disciplina, los premios y los castigos, el reglamento, el horario, etc. Poco a poco, el manual iba entrando en mayores niveles de concreción, indicando incluso cómo había que entrar en clase hasta llegar a definir, área por área, asignatura por asignatura, cómo se debían desarrollar las sesiones didácticas[7]. Llama poderosamente la atención el nivel de concre-

---

[7] Encontramos estos manuales en todas las tradiciones educativas católicas. Valga como ejemplo el caso de tradición educativa marianista: el primer manual vio la luz en el año 1824, y en el año 1851 se llevó a cabo una revisión más definitiva. En el caso de España, el discípulo del pedagogo marianista Domingo Lázaro, Antonio Martínez, publicó en el año 1950 *Vademécum del jo-*

ción al que llegaban estos manuales: en algunos casos se daban orientaciones incluso de qué hacer el primer día de clase.

Es significativo subrayar que todos estos manuales surgieron en un contexto en el que los religiosos constituían el cien por cien de los educadores, lo que significa que se daban las condiciones idóneas para que hubiera una intensa unidad de acción educativa y, sin embargo, consideraron necesario ponerlo por escrito. En mi opinión, uno de los grandes retos de la EC reside precisamente en que ha perdido esta tradición en un contexto, además, de absoluta diversidad de sus equipos de educadores, tanto en sus orígenes como en sus propias visiones educativas. No estoy proponiendo que se vuelva a aquellos manuales, estoy afirmando que, si la EC quiere ser sostenible, es imprescindible poner negro sobre blanco y de la manera más concreta posible cuál es nuestro modelo de escuela.

A mi modo de ver, esta es una de las causas por las que hoy los educadores que llegan a nuestras comunidades educativas *no se incorporan* a una tradición real y encarnada en modos de hacer educativos. A lo sumo se les entregan documentos identitarios en género literario aspiracional –qué alumno queremos educar– y un buen manual para manejarse en el entorno digital del colegio, a la espera de que les llegue algún encuentro de «noveles» en los que se les contará la historia de la institución y las claves educativas

---

ven *profesor de segunda enseñanza,* cuyo título ya manifiesta con claridad la voluntad de incorporación de los jóvenes. En el año 1956, el P. Hofffer, más tarde superior general, publicó *Pedagogía marianista,* en el que recoge esta misma tradición actualizando la propuesta a la luz de los avances de la antropología y la psicología. Su índice es una muestra clara del mapa que proponemos: de la antropología a pedagogía, de la pedagogía a la psicología, hasta llegar a la concreción de la didáctica de cada una de las áreas, para terminar con recomendaciones para el primer día de clase.

del carisma, con el agravante de que, cuando vuelvan a sus centros de trabajo, chocarán con una realidad muy a menudo alejada del discurso que les contaron en el encuentro.

Si no se produce una autentica incorporación tal como la estamos describiendo, ocurrirá que son los que llegan los que «incorporan» su propio bagaje a la vida de la escuela, con el peligro que eso conlleva de ir diluyendo una tradición que ha dejado de hacerse realidad concreta y palpable con la que el que llega literalmente «se topa». He aquí una prueba más de la ruptura en el proceso de la tradición que hemos descrito anteriormente.

Un análisis un poco más pormenorizado de esos manuales nos muestra hasta qué punto nuestros mayores eran fieles al mapa secuencial al que hemos invitado más arriba. Su punto de partida era, sin duda, una pedagogía emanada de la antropología, de la visión de la persona tal como la teología de su tiempo la entendía. Esa visión se concretaba en un esquema de la persona, normalmente de cuño tomista, en la que se conjugaban en armonía realidades humanas como el cuerpo, las pasiones, el entendimiento y la voluntad. Disponían de una visión compartida sobre la persona, y de ahí nacía, lógicamente, en qué consiste educar cada una de esas dimensiones de la persona. Hoy en día no es que carezcamos de esa visión compartida, sino, lo que es más grave, no sé si seríamos capaces ni siquiera de definir una visión de la persona en la que se integraran elementos tan importantes como la vida afectiva y la ética. A partir de esa visión compartida de la persona eran capaces de acudir a lo que en cada tiempo dijera la psicología para aterrizar en una orientación concreta y directa sobre los castigos, la emulación o la formación religiosa.

No se trata de rescatar esos manuales tal como se formularon, pero sí de afrontar el reto de recrearlos para este tiempo que nos ha tocado vivir. Mucho ha evolucionado la antropología cristiana y mucho se ha trabajado en el encuentro de la visión cristiana de la vida con la propia evolución de las ciencias humanas. Lo que no parece convincente es abrir de par en par las puertas de nuestras escuelas a cualquier propuesta didáctica que no haya sido criticada y enriquecida por la visión cristiana de la persona. Lo hicieron nuestros mayores, y esa fue una de las claves de la fecundidad de nuestras tradiciones. Parece imprescindible que afrontemos también nosotros esta tarea, por muy titánica que nos parezca, si queremos de verdad trabajar por la sostenibilidad de la EC.

Hay muchos detalles que ponen de manifiesto la debilidad del proceso de incorporación, y no me refiero a la ignorancia sobre determinados hitos de la historia de la propia escuela, sino a aspectos que tienen que ver con la situación actual de los colegios católicos. Uno de ellos, bastante llamativo, se refiere a la inadecuada visión que tienen algunos de nuestros educadores más jóvenes y no tan jóvenes sobre el estatus de la enseñanza concertada en el sistema educativo español. Algunos de ellos desconocen cuál es el modelo de relación de la enseñanza concertada con el dinero público –qué paga y qué no paga el concierto– en otros; desgraciadamente, incluso nos encontramos con posiciones críticas con respecto a las relaciones de la enseñanza concertada con las otras redes del sistema.

2. Seguimiento, acompañamiento y cuidado

Tanto para los educadores que se incorporan tras el proceso que acabamos de describir como para el resto del equipo educativo de la escuela, es necesaria una actividad constante de seguimiento, acompañamiento y cuidado, en ese orden.

El seguimiento es la consecuencia del establecimiento de un plan que, como la propia palabra indica, hay que seguir. Sin un plan personal de cada uno de los educadores no hay seguimiento; puede darse un cierto interés de cercanía afectiva, pero no un auténtico seguimiento. En el caso de los recién llegados, hay que establecer un plan de progresiva incorporación, estructurado a partir del perfil que haya demostrado en el proceso con el fin de que vaya trabajando e incorporando a su ser y hacer de educador el modo propio de educación de la institución. Dentro de este plan se introducirán como un hito más esos encuentros de noveles con participantes de diferentes centros como un elemento más, ni siquiera el más importante, porque lo que realmente hay que perseguir es el proceso de integración local, para lo cual será necesario contar con tutores que dediquen tiempo a esta misión de tal manera que esta no quede reducida a una tarea más que encajan en su día a día por buena voluntad. Seguimiento y, por tanto, acompañamiento, con el fin de que el recién llegado encuentre el apoyo suficiente y necesario para llevar a cabo su proceso. Estas figuras de los tutores acompañantes es de capital importancia. Además de ocuparse del desarrollo del plan personal, deben aportar también el cuidado necesario con el recién llegado. Los inicios en el mundo de la educación no son fáciles, y hay que estar cerca para contextualizar bien estos primeros pasos.

Esta primera etapa de integración debería cubrir un período mínimo de tres años, al cabo de los cuales hay que decidir si realmente el candidato por el que optamos ha respondido a nuestras expectativas. Es el momento de preguntarnos tras esta primera etapa si de verdad creemos que en ese educador encontramos la sostenibilidad del modelo de educador que necesitamos. Creo que no se le da la suficiente importancia a este momento crucial y determinante. He encontrado pocos ejemplos de actitudes firmes en este punto.

Cuesta mucho, cuando ya se han establecido relaciones afectivas, decirle a una persona que puede ser un buen educador, pero que no presenta el perfil que requiere nuestro proyecto. Si esto no se hace, ocurrirán dos cosas; la primera es que la persona, con el paso del tiempo, no se va a sentir en su lugar y surgirán sin ninguna duda insatisfacciones, cuando no conflictos abiertos. La segunda tiene que ver con la misma organización y, sobre todo, con los alumnos, el gran criterio tantas veces olvidado, que se verán privados de los educadores más coherentes para seguir encarnando el proyecto educativo de la EC. Creo que en este punto no se actúa con la suficiente proactividad por miedos, temores y falsos respetos. El educador que no demuestre con claridad desde el principio esa sintonía profunda con nuestro proyecto no la va a desarrollar después y, con el paso de los años, nos lamentaremos profundamente, preguntándonos quién fue el que tomó la decisión de cargar de por vida con ese perfil. Manifestamos muy a menudo nuestra preocupación por el perfil de nuestros educadores, pero no ponemos en juego a veces el rigor necesario en este terreno. Si tenemos clara la inadecuación del educador que incorporamos hace tres años, el mejor servicio que le podemos hacer a él mismo, en primer lugar, y a la escuela, en segundo lugar, es comunicárselo y decidir en consecuencia. De ahí la importancia del plan y del seguimiento de los tres primeros años. Lo que no es de recibo es comunicarle al cabo de tres años que no contamos con él cuando no ha habido ningún tipo de plan claro y exigente y, por tanto, ni seguimiento ni evaluación del mismo. Necesitamos datos objetivos para tomar una decisión de este calibre. Incurriríamos en una grave falta contra la doctrina social de la Iglesia.

Esta última consideración nos abre al reto del seguimiento, acompañamiento y cuidado del resto de los educadores del claustro. Hay una pregunta recurrente en todos los encuentros con directivos presentes o futuros de la EC: ¿qué hacemos con esa parte del profesorado que no vibra con el proyecto y que llega a convertirse en una rémora? Mi contestación no se hace esperar. La cuestión no es qué hacemos con ese grupo, sino qué estamos haciendo para el seguimiento, acompañamiento y cuidado de todo el equipo de educadores. No se trata de establecer un plan para intentar motivar al desmotivado, sino de incorporar de manera sistemática y rigurosa un plan de seguimiento, acompañamiento y cuidado de todos los educadores sin excepción. En ese contexto, cada educador quedará reflejado en sus fortalezas en sus áreas de mejora, y eso nos permitirá establecer planes más rigurosos de desarrollo personal y profesional bien diferenciados y personalizados.

La clave del éxito de estos planes reside en la calidad y fortaleza de los datos objetivos en los que se sustenta. En educación necesitamos entrar en dinámicas de mayor rigor. No se trata de llevar a cabo entrevistas un tanto genéricas sobre la situación del educador, sino de partir de datos objetivos que nos permitan en primer lugar reforzar y agradecer el trabajo bien hecho y, en segundo lugar, establecer algún área de mejora que se va a afrontar con un plan de trabajo concreto, exigente y evaluable para el que se va a aportar toda la ayuda necesaria.

Si la escuela dispone de algún tipo de manual del estilo de los que hemos citado antes, encontramos una fuente de ítems para una autoevaluación e incluso para una evaluación de compañeros o de la dirección. Otro punto de partida podría ser la propia autoevaluación que el educador pueda hacer de las relaciones básicas que hemos explicado antes a partir de la cual se puede llegar a individuar lo que se puede y se debe mejorar.

Existe otra fuente de datos objetivos sobre la calidad del educador, las evaluaciones que proceden de los alumnos. Mi experiencia demuestra que, en efecto, puede ser una base sólida para conocer el perfil del educador, pero siempre y cuando se lleve a cabo en determinadas condiciones:

– Se debe llevar a cabo en el contexto de una autoevaluación de los alumnos y no de manera esporádica ni repentina.

– Un buen momento es el final del primer trimestre, con el fin de que a finales de enero se pueda iniciar el comentario con cada profesor sobre los resultados y así poder concretar las áreas de mejora e incluso para poder introducir algunos cambios ya en lo que resta de curso. No es bueno llevarlas a cabo al final del curso: los resultados quedarán en el olvido de cara al curso siguiente.

– En esa sesión, el tutor invita a los alumnos a una autoevaluación personal, breve y concisa, no más de diez ítems, e inmediatamente presenta también la evaluación del profesorado.

– Debe ser también breve y concisa, no más de diez o doce ítems y sin dar posibilidad de respuestas abiertas, sobre los asuntos nucleares: claridad en las explicaciones, voluntad para ayudar, trabajo y disciplina en clase, organización del curso, interés por los temas, recursos digitales, justicia para calificar, etc. Me he encontrado con propuestas de evaluación farragosas, con más treinta ítems, que no aportan datos significativos globales sobre el perfil del profesor.

– La periodicidad bienal mejor que anual. Eso permite concretar los planes de mejora en el horizonte de dos años antes de la siguiente oleada, de tal manera que al cabo de seis años disponemos de un historial de cada profesor en el que se debería reflejar la evolución esperada.

– La encuesta debe permitir sacar conclusiones tanto de todo el colegio como por etapas e incluso por clases. La presentación al claustro de esos resultados generales es una muy buena fuente de comunicación basada en datos reales. También en este caso se van acumulando históricos muy interesantes que permiten sacar a la luz la propia evolución del centro en cada uno de los ítems.

– Los resultados individuales se comunican al interesado, a su director de etapa correspondiente y al director del colegio, con el fin de llevar a cabo una entrevista funcional con cada educador. El primer objetivo de la entrevista es el de reconocer y agradecer las buenas prácticas. También los profesores buenos necesitan que se formalice este ritual de agradecimiento y reconocimiento. En el caso de los educadores que demuestren carencias, es el momento de establecer esos planes de mejora, acompañándolos y exigiendo su cumplimiento a la espera de una nueva evaluación.

Disponemos además de otros medios de evaluación del perfil de nuestros educadores, la llamada evaluación 360, por ejemplo[8]. La persona es «mirada» por sus iguales, por sus responsables inmediatos y por sus subordinados a partir de un cierto esquema de competencias. Esa perspectiva le ofrece un dato objetivo sobre cómo se vive su situación y

---

[8] Para una aproximación a este modelo de evaluación, cf. *Paradigmas del liderazgo*. Madrid, McGraw-Hill, 2001, pp. 85ss.

su aportación al conjunto de la vida de la escuela. Se puede ir aplicando poco a poco a pequeños grupos de educadores a lo largo de los años, y el impacto que tiene en la propia percepción que cada educador tiene de sí mismo es muy fuerte. Puede ser un punto de apoyo muy sólido para que la persona asuma un plan de mejora en aquellos aspectos que han resultado menos adecuados, pero sobre todo comunica al educador la visión que el resto de compañeros y el equipo directivo tienen sobre su perfil. Resulta muy útil también para que se haga consciente de posibles potencialidades que los demás ven él y que él mismo quizá no sea consciente de ellas.

Una vez establecidos los planes personales, la escuela tiene que volcarse en el acompañamiento de ellos poniendo a disposición de los educadores los recursos necesarios para su cumplimiento. Recursos en forma de apoyo de otros compañeros, en forma de cursos o lecturas guiadas o incluso de aprendizajes más personales en el ámbito de la inteligencia afectiva. Si la escuela incorpora de verdad esta dinámica, resultará mucho más sencillo apostar por un seguimiento y evaluación más exigente con aquellos educadores menos vocacionados, no tanto para que se sientan presionados negativamente, sino para que se ponga de manifiesto su escaso compromiso con los planes de mejora. Esos procesos, esa experiencia propia, pueden abrir la puerta a salidas casi voluntarias del mismo claustro. No se trata de perseguir, sino de exigir. Por otro lado, los educadores más vocacionados encuentran en esta dinámica de seguimiento, acompañamiento y cuidado un poderoso motivo para profundizar en sus motivaciones intrínsecas y trascendentales.

Lo importante es entrar en una dinámica de mayor objetivación. Hay que huir de manifestar meras sensaciones para presentar a los educadores puntos de partida que les permitan asumir planes de desarrollo personales. No olvidemos que todas estas medidas van encaminadas a hacer sostenible el modelo de educador cristiano que sea capaz de seguir encarnando nuestro proyecto en el presente y en el futuro. De lo que se trata entonces es de ir confrontando cada uno de los perfiles con ese modelo de educador.

3. Desarrollo personal y profesional

Cuando alguien asume la función directiva de una organización, su sana preocupación y su objetivo es *hacer que las cosas sucedan*. Nos referimos a que suceda aquello que deseamos como lo mejor para la organización. En el caso de la escuela, nuestra intención como directivos consiste en que se establezcan las mejores relaciones profesor-alumno posibles, que las tutorías sean el mejor cauce para la progresión personal de nuestros alumnos, que los profesores consigan introducir a los alumnos en buenos procesos didácticos y un largo etcétera. Pero se nos olvida que ese objetivo lleva parejo otro tan importante como ese primero. Sí, *hacer que las cosas sucedan*, pero no de cualquier modo, *sino consiguiendo que las personas alcancen su mejor desarrollo personal y profesional posible*[9]. Es el objetivo de que las personas encuentren en el cumplimiento de sus tareas su mejor desarrollo posible. Ese es el ideal al que debe aspirar todo buen planteamiento de la función directiva, aunque, desgraciadamente, ambos objetivos, conseguir el mejor nivel de con-

---

[9] Para una profundización sobre esta visión de los objetivos de una buena función directiva, cf. J. CORTÉS / J. A. VIGUERA, *Gestionar para educar*. Madrid, PPC, 2014, pp. 47ss.

secución de las tareas y el mejor nivel de satisfacción, se afronten a menudo de manera separada. Se trata de poner en acto la motivación intrínseca, hallar la realización personal en el ejercicio de la propia actividad. Frente a esta visión nos encontramos con otros planteamientos en los que se invierte en motivación extrínseca cuando sabemos que ninguna motivación extrínseca hará brotar la intrínseca, y mucho menos la trascendental.

Asumir esta perspectiva de la función directiva nos abre a un tercer pilar del trabajo que nos corresponde llevar a cabo con el conjunto de nuestros educadores: nuestro objetivo consiste también en buscar el mejor desarrollo personal y profesional de cada uno de ellos. Para eso nos puede ser útil situarnos en una hipotética pero real escucha de «sus demandas». Imaginemos que cada uno de nuestros educadores nos dirige las siguientes preguntas: «¿Qué sabes de mis éxitos?, ¿conoces lo mejor de mí?, ¿sabes cuál es mi mejor sabiduría, aquello que mejor puedo aportar a la escuela?, ¿qué esperas de mí?, ¿qué oportunidades de aprendizaje, crecimiento, formación y desarrollo voy a tener?, ¿de qué medios voy a disponer para todo ello?, ¿qué puedo esperar de mi futuro en esta organización?».

Muy recientemente, una buena educadora quiso consultarme acerca de su situación en el colegio donde trabaja. La habían sacado de la tutoría en Primaria para que se dedicara al trabajo de especialista de Inglés. No sabía por qué lo habían hecho ni qué significaba ese cambio en su futuro en la escuela. Esta circunstancia, junto con algunas otras decepciones, le había llevado a plantearse dejar la escuela, y quería saber mi opinión al respecto. Le pasé este pequeño formulario de preguntas y le aconsejé que pidiera una entrevista con la directora del centro con el fin de plantearle todas estas cuestiones desde una posición de seguridad en sí misma. Cuando compartió conmigo la experiencia, lo que más le llamó la atención fue la enorme sorpresa de la directora ante semejantes preguntas frente a las cuales, claramente, no sabía qué responder, porque nunca la había mirado desde esa perspectiva. En el fondo, la habían tratado como una pieza más de la maquinaria que hace funcionar una escuela. No había ninguna razón especial ni, por supuesto, descontento con su trabajo, simplemente era lo encajaba en el puzle y como confiaban en ella se lo pidieron. Sin más. El cambio no encajaba en ninguna narración especial sobre su desarrollo personal y profesional, simplemente porque no la había.

Creo que, desgraciadamente, esta anécdota no es una excepción. Todos los equipos directivos poseen una narración sobre cada uno de sus educadores que no es más que una interpretación de la visión que se tiene de su posición en la escuela, en el pasado, en el presente y en su proyección futura. Por su parte, cada uno de los educadores vive instalado en su propia narración, que recoge la interpretación de su historia, de su presente y un imaginario de lo que le espera. Pero no se da una narración compartida como punto de encuentro entre ambos, porque no existe este modo de trabajo con las personas, ya que, simplemente, esta tarea no está entre las que cualquier equipo directivo considera necesarias. Muy a menudo, los cambios que se proponen a los educadores responden a las necesidades que van surgiendo en la compleja realidad de nuestras escuelas. Falta un horizonte que vaya más allá de las urgencias del devenir de la escuela.

El punto clave para poder ofrecer a nuestros educadores ese desarrollo personal y profesional reside en el conocimiento y reconocimiento profundo de sus fortalezas, de su sabiduría particular e intransferible. Debemos salir a la búsqueda de eso que llamamos «talento»[10] con el fin de disponer de un mapa general en cada de uno de nuestros claustros de eso que yo suelo nombrar como *la sabiduría y la energía disponibles* manifestadas no solo en saberes intelectuales, sino sobre todo en saberes educativos, lo que incluye valores, ilusiones y energías de todo tipo. Esa debería ser la primera tarea de cualquier equipo directivo, tomar nota de cuáles son las energías de que dispone antes de afrontar ningún otro proyecto. Será completamente inútil intentar hacer de una escuela una escuela verdaderamente lectora si no se dispone de educadores lectores. Se suele decir que aquello que no esté de verdad en el corazón y en la cabeza del equipo directivo nunca existirá en la escuela, y lo suscribo. Pero añado: solo se podrá encarnar en la escuela si se cuenta con la suficiente energía de corazón y de cabeza en el equipo de educadores para su desarrollo. Si no es así, en cuanto desaparezca la presión del equipo directivo, aquello que se inició fenecerá.

Entrar en esta dinámica de cuidado del talento tiene otra gran ventaja. Nos permite conocer con antelación quién puede en un futuro ir asumiendo nuevos pequeños o grandes liderazgos en la escuela. Ya nos estamos encontrando con dificultades para cubrir determinados puestos en el momento en que llega el relevo. Un buen mapa del ta-

---

[10] «El talento se puede expresar en una fórmula que requiere de tres elementos que se combinan de manera irreemplazable. La *competencia* se centra en las habilidades, el conocimiento y los valores para el puesto, tanto presente como futuro. El *compromiso* se relaciona con los valores para que los empleados se sientan parte de la empresa. Y la *contribución* depende de lograr ofrecer a los trabajadores un sentido personal a sus propósitos y un significado a su trabajo» (R. Luna Arocas, *Gestión del talento*. Madrid, Pirámide, 2018, p. 107). De una manera más sintética, creo que el talento se puede definir en tres ámbitos de aportación de la persona: el ámbito de las energías y habilidades afectivas, el ámbito de las habilidades y desempeño y el ámbito de los conocimientos y saberes.

lento y un buen seguimiento de las posibles trayectorias futuras de nuestros educadores nos permitiría ir afrontando los retos futuros con mayor previsión, con mayores posibilidades de éxito.

Un último apunte importante. La trayectoria profesional de un educador en nuestras escuelas no se reduce a ocupar puestos de dirección. La sabiduría educativa puede y debe aportar a toda la vida de la escuela fuera de la línea jerárquica. Un educador puede asumir durante un determinado período de tiempo el desarrollo de determinados proyectos, como puede ser la creación y la puesta en marcha de una biblioteca o un programa de enseñanza integrada de las lenguas. Pero también puede asumir varios tipos de acompañamiento o tutorización, así como hacer el seguimiento de determinados temas educativos desde un observatorio. Lo importante es que realmente sienta que su sabiduría aporta de verdad. Corremos el riesgo de considerar que en la escuela solo el equipo directivo tiene la capacidad y la obligación de liderar como si fuera de la línea jerárquica no existiera sabiduría.

4. Educadores en comunidad

Como bien sabemos, desde los inicios y a lo largo de muchos años, quienes educaban eran los educadores religiosos, pero no aisladamente, sino en el seno de una comunidad educativa intensa. La vida de los miembros de la comunidad religiosa giraba completamente en torno a la escuela. Vivían juntos, rezaban juntos y trabajaban juntos. Y antes de llegar a ese punto habían recibido la misma formación tanto espiritual como educativa. En definitiva, compartían no solo un modo de vida y de articular la escuela, sino una antropología y una visión sobre el mundo y sobre la persona. Además, cada cierto tiempo desarrollaban, también todos juntos, actividades de formación que iban profundizando en ese acervo común.

Las mismas constituciones o diferentes reglas de vida de esa gran variedad de institutos tenían perfectamente integrado todo el ámbito de la misión educativa. En ellas se describía con pelos y señales no solo el régimen de vida en común y de oración, sino todo lo referente al trabajo educativo: el modelo de educador cristiano, las características de la relación con los alumnos, las diferentes disciplinas y un largo etcétera. Todos compartían un mismo modelo de colegio en el que los religiosos se hacían presentes en cualquiera de los momentos y espacios educativos. Evidentemente en las aulas, pero también en los patios, el comedor, las actividades deportivas y de mantenimiento. Esa comunidad de vida, de oración y de misión prolongaba de alguna manera en el colegio su modo de vida. No se hacía en absoluto necesario plantear ningún proyecto de *comunidad educativa* especial, porque de una menara natural era la comunidad religiosa la que se transformaba en todo ese conjunto de relaciones educativas de la escuela.

En efecto, los religiosos ocupaban mayoritariamente el ámbito académico, eran los profesores, pero también se les veía en las vigilancias de los patios no como meros espectadores, sino interactuando de manera intencional y constante con los alumnos. El ámbito extracurricular, especialmente el deportivo, siempre contaba con algún religioso especialmente motivado para desarrollar su acción educativa en ese campo. El comedor era vigilado por los mismos religiosos o religiosas, por no hablar de las recepciones (antiguamente denominadas porterías). En algunos colegios incluso se contaba con espacios de salas de juegos también atendidos por religiosos que no se limitaban a vigilar a los alumnos, sino que interactuaban de manera proactiva con ellos. Las mismas bibliotecas, allá donde las hubiera, eran otro espacio y tiempo de presencia de los religiosos.

El colegio, las familias y los alumnos constituían el tema de conversación habitual y cotidiano de la vida de comunidad. Los religiosos conocían bien a sus alumnos y completaban una visión más global de ellos precisamente por esa omnipresencia en todos y cada uno de los ámbitos de la vida del colegio. Unos a otros y de manera natural se iban comunicando la visión que cada uno de ellos tenía de los alumnos.

Periódicamente, además –en algunos casos, semanalmente–, existían sesiones de formación sobre temas educativos para profundizar sobre la tradición de la institución con el fin de que todos los religiosos educadores actuaran bajo los mismos principios educativos extraídos de la historia del propio instituto.

El resultado era que toda la escuela vivía en un clima absolutamente homogéneo, desde la recepción hasta el último rincón. El carácter esencialmente comunitario del acto educativo se encarnaba de una manera radical en esa comunidad de vida, de oración y de misión educativa que confería a la escuela una fortísima personalidad, para la bueno y también para lo malo.

Tras largos años de perduración del modelo que acabamos de describir, hace ya algunas décadas, y coincidiendo con los cambios culturales que se produjeron a partir de los años sesenta, se fue abriendo camino la propuesta de promover una *comunidad educativa*. Tras esta iniciativa hay que leer el momento cultural del tiempo con la llegada del gran ideal de la participación. A pesar de la todavía abrumadora presencia de los religiosos, ya se apuntaba la presencia cada vez más significativa de los seglares.

La idea de comunidad educativa intentaba ampliar la responsabilidad educativa un poco más allá de la comunidad religiosa. Apuntaba hacia los profesores seglares, pero también y de manera muy especial a la integración de las familias en la dinámica educativa de la escuela. Los tiempos traían nuevas sensibilidades distintas de las férreas estructuras jerárquicas del modelo anterior. A tal fin se empezaron a redactar los idearios, primeros intentos de plasmar lo que hoy llamamos el carácter propio, con el fin de que los educadores no religiosos tuvieran acceso a esa tradición educativa que la comunidad religiosa llevaba grabada en su propio modo de vida. Se hacía necesario, por tanto, poner negro sobre blanco todo aquel proyecto educativo para que estuviera al alcance de los nuevos grupos de educadores que se integraban bajo un deseo de participación que quería transformar los modos de dirección anteriores. La comunidad educativa la formaban, básicamente, las familias, los alumnos y los profesores religiosos educadores junto con los primeros laicos que se iban integrando.

A lo largo de los últimos decenios, la crisis institucional que vivimos ha hecho que la comunidad religiosa haya desaparecido totalmente como el núcleo inspirador y animador de esa comunidad educativa, se ha perdido esa comunidad que marcaba el clima, los valores y el entorno de planteamientos educativos unificados y armónicos del que partían las diferentes tradiciones de la EC desde sus inicios. La EC se ha centrado en el ámbito académico y ha ido casi subcontratando todos los demás ámbitos. No es solo que no haya religiosos en el comedor, en deportes o en las actividades culturales, sino que la presencia de los profesores en esos ámbitos es mínima, con lo cual aquel colegio que ofrecía a los alumnos un espacio habitable más allá de lo académico se ha convertido en una serie yuxtapuesta de actividades que se suceden a veces con dinámicas autónomas, diferenciadas e inconexas.

Sin embargo, la consecuencia más grave de esta situación que estamos describiendo no reside en esta dispersión de intenciones educativas, sino en algo mucho más radical: la desconexión de todos estos educadores, sean del ámbito que sean, con la tradición educativa que durante tantos años estuvo encarnada en la comunidad religiosa. Este es el reto más importante que tiene hoy planteada la EC sin ninguna duda: *cómo constituir una auténtica comunidad educativa en estas actuales circunstancias.*

Esta perspectiva debe estar constantemente presente en los tres procesos que hemos descrito anteriormente. El seguimiento personal que estamos proponiendo debe llevar a cada uno de los educadores, sean del ámbito que sean, a sentirse *educadores en comunidad* con un fuerte sentido de pertenencia. Desaparecida la comunidad de religiosos, ya no se trata de insistir en que formamos una comunidad educativa, sino de conducir a los educadores a la incorporación a una comunidad que, toda ella, educa.

Debemos trabajar para evitar una escuela disgregada o desagregada, un tanto dispersa y habitada por un conjunto de agentes educativos en cada uno de sus ámbitos, curricular, extracurricular y pastoral, que no han tenido la sensación o experiencia de que *se incorporaban* a una tradición, sino que más bien han sido contratados para llevar a cabo determinadas funciones por su valor profesional ligado siempre a titulaciones pertinentes y necesarias según la propia evolución del sistema educativo. El reto es inmenso, pero a la vez apasionante. ¿Cómo hacer para que estos educadores lleguen a sentirse «educadores en comunidad» en la estela de aquel clima que emanaba de la comunidad religiosa? ¿Cómo construir y sostener ese proyecto en cada momento histórico?

El primer paso no es precisamente una exposición sistemática y precisa de nuestro ideario, menos de nuestro carácter propio, expresión poco afortunada donde las haya. Aunque parezca un poco extraño, el punto de partida no puede ser otro que el de *introducir a los educadores en un proceso tal que descubran el engaño de una educación aséptica y que, por tanto, descubran el carácter radicalmente ético de todo proceso educativo.* Este proceso debe partir de su propio modo de hacer. Es imprescindible plantear a los educadores de manera sistemática preguntas como: ¿para qué sirve lo que enseñas?, ¿qué esperas de un alumno?, ¿por qué prefieres el subrayado de unos contenidos sobre otros?, ¿cuándo consideras que has tenido éxito como profesor?, ¿qué valores, actitudes y contenidos has sido capaz de transmitir? En definitiva, ¿qué ideales tienes en la cabeza?, ¿qué visión del mundo y de la persona tienes en mente cuando te imaginas a tus alumnos? La escuela como institución basa su actividad en toda una secuencia de decisiones éticas en cuanto que «prefiere» determinados universos valóricos sobre otros. Hay que insistir en que este no es un discurso teórico, sino absolutamente práctico y concreto al que se llega simplemente pidiendo a profesores y educadores que hagan la lista de toda la cadena de decisiones que toman para llevar a cabo sus tareas educadoras. El proceso debe concluir con un consenso bien construido sobre *la enorme e ineludible responsabilidad que tenemos todos los educadores de verbalizar nuestra cosmovisión y nuestra visión antropológica de la persona.* No estamos exigiendo otra cosa que aquello que hicieron todos los grandes pedagogos, ya sean de tradición laica o religiosa.

Si este primer paso se cumple con la profundidad necesaria, se debería llegar a la conclusión de que *la primera manifestación de nuestra calidad profesional consiste en comprometernos en la búsqueda común de un proyecto compartido para así dar sentido, y sobre todo profundidad, a nuestro centro educativo.* Este compromiso no es un favor que se pide a los educadores, sino una responsabilidad de primer orden. Necesitamos encontrar un proyecto común que sea algo más que un mero conjunto de límites.

Este es el momento de poner encima de la mesa *el valor y la potencia de nuestro proyecto educativo, no tanto como un conjunto de buenas intenciones educativas genéricas, sino como una descripción pormenorizada del mundo que deseamos y de la persona que soñamos.* El mejor modo de acercarse a esta realidad es acudir a la historia y descubrir cómo era nuestra escuela y por qué. Cuáles eran sus motores y sus intenciones más allá de las formas que estas adquirieron en el pasado. La tradición debe ser presentada como un *determinado conjunto de sensibilidades educativas.* Y, lo más importante, *es imprescindible mostrar que esas determinadas sensibilidades educativas son consecuencia directa de la experiencia de fe en el Jesús Maestro de los evangelios.*

Hasta aquí las consideraciones que se refieren a la sostenibilidad de las personas que deben asegurar, con su propia vida y con su trabajo educativo, que el proyecto de la EC sigue vivo, actuante y fecundo. Esto requiere sin duda un cambio en las prioridades y en las dedicaciones de los responsables en todos los niveles, pero muy especialmente en el nivel local. Tal como veremos más adelante, si no se hacen evolucionar los modos directivos y organizacionales focalizándolos en todo aquello que asegure la sostenibilidad de la EC, tendremos escuelas probablemente de éxito, pero también, probablemente, escuelas cuya fuente de inspiración esté alejada de las intenciones fundacionales.

4

LA SOSTENIBILIDAD DE LA ORGANIZACIÓN

En esta época de profunda transformación de la EC que estamos viviendo desde hace ya décadas se han ido tomando también decisiones en el ámbito organizativo que necesitamos pasar por la perspectiva del criterio de sostenibilidad. En general ha sido la realidad marcada por la profunda crisis de las instituciones religiosas la que ha marcado la urgencia de los cambios. Había que seguir sosteniendo la vida de nuestros colegios y se han puesto en pie estructuras organizacionales y modos de hacer para, por una parte, dar cabida necesaria a los laicos y, por otra, seguir manteniendo la relación con lo que queda de las instituciones de los religiosos y religiosas. Lo que propongo en este último capítulo del libro es plantearnos qué tipo de organización es la que mejor va a servir a nuestros dos objetivos de sostenibilidad anteriores. No se trata, por tanto, de pensar en cualquier tipo de organización inspirada más o menos en los modelos existentes, sino en plantearnos *qué modelo organizativo y de gestión va a servir mejor a la sostenibilidad del proyecto y a la sostenibilidad de las personas* tal como los hemos descrito. Creo que esta es la pregunta que tenemos que hacernos. Por tanto, preguntas como qué modelo organizativo va a mantener el control de los religiosos sobre los colegios creo que no apuntan en la buena dirección, ya que ese esquema simplemente no es sostenible en el futuro. Tampoco se trata de acudir a las modas externas sobre modelos organizativos y de liderazgo. Todo modelo organizativo, lo veremos después, responde a un criterio que se considera prioritario. Pues bien, mi propuesta es que nos preguntemos qué modelo organizativo va asegurar mejor la sostenibilidad de nuestro proyecto y la sostenibilidad de las personas. No olvidemos que tanto la organización como la gestión son instrumentos, nunca fines en sí mismos, y, por tanto, no deben ser definidas desde su lógica interna como si de entes autónomos y diferenciados se tratara, sino bien integradas al servicio de otros fines más elevados.

Tres son elementos que configuran este ámbito organizativo: el modelo de función directiva, el modelo organizativo y el modelo de gestión.

1. Un modelo de función directiva

Todo modelo organizativo incluye una determinada concepción de eso que llamamos dirección. En realidad, se trata de una función necesaria para el desarrollo de las organizaciones que incluye elementos clave, como el planteamiento de los proyectos, el desarrollo de los planes, los niveles de decisión, etc. Por eso creo que la expresión más adecuada es la de «función directiva», es decir, una función necesaria e indispensable para la vida de las organizaciones.

a) Modelos que no funcionan

La EC viene de un modelo *piramidal,* fiel reflejo o más bien traslación directa de los modelos de dirección que se vivían en el seno de las comunidades que animaban los colegios, integradas a su vez en las estructuras provinciales, basadas, aunque con matices –existían y existen los capítulos provinciales–, en la misma mentalidad piramidal. El criterio al que responde es que la sabiduría y el poder de decisión están arriba y van descendiendo por los diferentes niveles de la organización a modo de delegación. Estos modelos se basan en la cesión a esa autoridad superior de todas las responsabilidades que vayan más allá del cumplimiento de su puesto de trabajo por parte de los miembros de la organización. Una manifestación clara de esta mentalidad la encontramos en esa expresión tantas veces escuchada en nuestros claustros cuando se dice que «el colegio debería» tal o cual cosa. El que así habla se sitúa desde fuera, porque tiene asumido que «alguien» por arriba es el responsable de lo que ocurre, y lo que a él le corresponde es solo cumplir estrictamente con lo que él cree que son sus responsabilidades como profesor. Todo lo que vaya más allá no le incumbe directamente.

El modelo *piramidal* suele ser paternalista. Ese alguien cuida, protege y atiende en la medida de lo posible las necesidades de cada uno. No importa que se quede una puerta abierta, ese alguien, que es el auténtico responsable del colegio, la cerrará. A la larga, este modelo produce desafección y, cuando hay problemas, estos se manifiestan por medio de la queja, al estilo del niño, que se queja al padre o a la madre. Cuando se profundiza en este modelo y en la mentalidad que produce en los miembros de la organización, nos damos cuenta de que no está tan alejado de la realidad como pareciera a primera vista.

El modelo piramidal evoluciona en algunos casos hacia esa diferenciación que se produce en las organizaciones entre «los de arriba» y «los de abajo». Asumir los avatares del colegio en su presente y en su futuro es responsabilidad exclusiva de los que mandan. Si no hay alumnos, no es mi problema, es problema de la dirección, y algo tendrá que hacer. A mí me corresponde exclusivamente el cumplimiento de mis tareas.

Es muy evidente que este modelo no colabora en absoluto a la sostenibilidad ni del proyecto ni, mucho menos, de las personas, ya que no incorpora de verdad a los educadores a la responsabilidad sobre el devenir general de la escuela.

El segundo modelo inadecuado es el contrario, el modelo *asambleario,* cuyo criterio consiste en defender la necesidad de que todo o casi todo sea consultado y sometido a votación. Su error de base reside en confundir participación con votación. Esta vez se produce una traslación del modelo de participación política, la votación, al ámbito organizativo. Un equipo de trabajo no es un órgano de participación democrática, sino un lugar donde se busca la mejor sabiduría, esté donde esté. Este modelo sitúa erróneamente la legitimidad en la validación democrática y no en la sabiduría contrastada. Con este modelo ocurre lo mismo que con el anterior, nos parece que no está tan arraigado, pero nos encontramos con situaciones tan dramáticas como que la jornada continua o partida se deja en manos de una votación en la que, además, participan las familias. Los ejemplos se podrían multiplicar. De cara a nuestro objetivo de sostenibilidad, este modelo puede ser demoledor, porque, casi sin darnos cuenta –y ese es el drama–, se van tomando decisiones que no están referidas al proyecto, sino que van respondiendo a la voluntad de las sucesivas «asambleas» que se produzcan en nuestros colegios. Poco a poco van cayendo pequeños o grandes detalles de nuestra tradición que van minando poco a poco la fuerza y la autenticidad del proyecto.

El tercer modelo obsoleto es el de los *reinos de taifas*. En este caso, es la particularidad, que sin duda es real, la que se erige en el criterio absoluto frente a otras posibles propuestas de encuentro y de transversalidad. Lo hemos oído muchas veces: el Bachillerato es distinto, eso no se puede llevar a cabo en Primaria, esa nueva propuesta servirá para otros contextos, pero no en mi clase, a mí lo que funciona, desde siempre es esto, etc. Suelo decir con pena y tristeza que el trabajo en educación es el único de los que conozco en el que se puede tener éxito, que los alumnos aprendan, por ejemplo, sin necesidad de haber establecido intensas relaciones con otros compañeros. Tan es así que muchos profesores sienten que todo intento de coordinación y de trabajo en equipo es algo que hay que conceder, pero que, en realidad, no es indispensable para el buen desarrollo de su trabajo. En su descargo hay que decir que el sistema está montado realmente así. Sin embargo, la tradición de la EC es radicalmente distinta; los colegios de la misma institución se reconocían perfectamente, y no precisamente porque tuvieran un logo común o por las campañas anuales de obligado cumplimiento, como a veces se pretende ahora. Se compartía con profundidad un mismo espíritu educativo, y el mero hecho de que los religiosos y religiosas fueran destinados a diferentes lugares a lo largo de su trayectoria producía esa transversalidad.

En los últimos años está apareciendo un nuevo modelo, el *centralista,* que no es más que una evolución del modelo piramidal adaptado a las nuevas circunstancias. Ante la desaparición de los religiosos y el protagonismo de los laicos en puestos directivos se han ido desarrollando estructuras centrales que han ido sustrayendo parcelas de decisión del nivel local para trasladarlas al nivel central. El dato es que un director laico de un determinado colegio tiene mucha menos autonomía y capacidad de decisión que el religioso o la religiosa que le precedió en el puesto. Me parece de enorme interés preguntarnos por las razones de esta tendencia. Algunos hablan de «descargar» al laico de algunas decisiones que pueden ser más conflictivas. Otros arguyen razones de control. Lo central se convierte en garante de la identidad y, por tanto, es ella la que tiene que validar aquello que emerge de lo local. Otros argumentan que es necesario que todos los colegios de una determinada institución tienen que ir a la par e ir implementando del mismo modo y al mismo tiempo los planes que se proponen desde la central. Ese es el modo de mantener, dicen, la identidad. Aunque se hable de «red de colegios», lo que este modelo produce no es precisamente una red, sino una figura en estrella en la que el impulso emana del centro para llegar a las puntas, y estas solo se conectan entre sí a través de ese centro.

Un análisis en profundidad de los criterios por los que este modelo apuesta nos muestra que, en la base, hay una cierta desconfianza hacia los laicos como si de alguna manera hubiera que protegerlos, porque no son tan capaces de asumir la dirección en los niveles en los que sí lo fueron los religiosos o controlarlos, porque no es seguro que decidan desde criterios de identidad. Son los mismos claustros los que desgraciadamente han asumido esta visión, de tal manera que en algunos casos se prefiere siempre un director religioso, mientras los haya, tengan la cualidad que tengan, que dar el paso hacia una dirección liderada por los laicos. Esta mentalidad no es más que el reflejo de la de algunos religiosos que defiende, o han defendido, que mientras haya religiosos son ellos los que deben asumir los puestos directivos.

No discuto la necesidad de estructuras globales, no centrales, como más tarde abordaremos. La cuestión no es si son necesarias o no, sino cuál es su papel y, sobre todo, su aportación de valor. Es muy evidente que este modelo de criterio centralista basado en esa cierta desconfianza hacia los laicos no contribuye en absoluto a nuestro objetivo de sostenibilidad, porque produce una implicación hasta los límites que me sean marcados. Hay temas que me corresponden como equipo directivo local y otros que no, con lo cual mi aportación queda acotada, con lo que eso significa de limitación para la ambición de mi proyecto de colegio. En este esquema no se lleva a cabo el empoderamiento necesario, característica imprescindible de cualquier organización madura[1].

Estos modelos fallidos que acabamos de describir no se dan en estado puro. Más bien conviven en el seno de una misma institución, y nos los podemos encontrar conviviendo de manera sorprendente en las dinámicas de sus colegios. Pongamos algunos ejemplos reales. Una determinada institución adopta sin reservas el modelo centralista en el ámbito de la gestión económica, hasta el punto de que los administradores de sus colegios sienten que no trabajan para su colegio, sino para la central, y de ella reciben no solo orientaciones, sino órdenes, calendario de acciones y planes que luego trasladan al resto del colegio. Sin embargo, esa misma institución permite que uno de sus colegios opte por la jornada continua, porque es el modo de ser más

---

[1] «Cada decisión que se toma en la sede central le quita responsabilidad a la gente de otras partes de la organización y reduce el número de personas que sienten que están haciendo una contribución real a la organización» (D. Blake, citado por F. Laloux, *Reinventar las organizaciones*. Barcelona, Arpa, 2016, p. 122).

competitivo con otros colegios que sí la llevan y es lo que parece que las familias desean.

Creo que es imprescindible llevar a cabo una reflexión en profundidad sobre los modelos de función directiva que estamos poniendo en pie en este tiempo de profunda transformación de la EC y, sobre todo, hacernos conscientes de los criterios preferenciales de cada uno de ellos. No podemos ser asamblearios en algunos ámbitos, centralistas en otros y permitir los reinos de taifas en el resto.

b) El doble objetivo inseparable de la función directiva

Dirigir es influir, es conseguir que las cosas sucedan. Suelo comentar que en un colegio solo acontecen dos cosas: aquello que el equipo directivo consigue que suceda y aquello que el equipo directivo permite que suceda. La aspiración de cualquier directivo es ver hecho realidad aquello que se sueña para la organización. Este es, sin duda, el primer objetivo de la función directiva.

Pero ese objetivo lleva parejos dos elementos bien importantes. El primero es aquello que se desea hacer realidad, y el segundo, cómo se intenta conseguir que suceda. Acudamos a algún ejemplo reciente de la EC. Aparece una determinada propuesta didáctica que procede del ámbito de la psicología o de las teorías del aprendizaje y eso se convierte en un modelo de escuela formalizado que se presenta a los educadores como el horizonte al que hay que llegar. Se presenta, se justifica, se argumenta describiendo sus bondades y se introduce a los educadores en un riguroso plan de formación con el fin de conseguir en un determinado plazo la implantación del modelo al que hay que, sí o sí, adaptarse, con todo lo que eso conlleva de transformación de la propia praxis del propio educador. La dirección intenta convencer por todos los medios a su alcance de la bondad del modelo, y al educador le resta asumirlo y entregarse a esa transformación. En este caso, aquello que se desea hacer realidad ha venido de fuera, fruto de alguna decisión estratégica de la institución, y el modo por el que se intenta conseguir consiste en entrar todos los educadores en esa dinámica formativa que viene marcada también desde fuera. No es difícil encontrar en nuestra historia reciente de la EC proyectos transformadores que se lanzaron a bombo y platillo y que ahora parecieran apagados o en fase de replanteamiento. La razón es sencilla: el origen externo tanto del modelo como del proceso para su implementación lo que ha producido es un cansancio y una desafección por parte de los educadores.

Estas consideraciones nos llevan a profundizar en este primer objetivo. Sí que las cosas sucedan, pero no cualquier cosa ni a cualquier precio. Este es para mí el punto central y nuclear. Necesitamos completar la formulación: *dirigir es conseguir que las cosas ocurran, pero consiguiendo con ello que las personas encuentren su mayor desarrollo personal y profesional posible.* No son dos objetivos distintos, sino uno mismo. Como se puede observar, este planteamiento armoniza completamente con las consideraciones que hemos hecho anteriormente sobre el compromiso con el desarrollo de las personas. Los proyectos que puedan surgir en el seno de la EC no serán sostenibles si no cumplen con este objetivo de dos caras completamente inseparables. Lo hemos comprobado en nuestra historia. Aquello que no está arraigado en el propio proyecto personal y profesional del educador está llamado a desaparecer en cuanto la presión directiva desaparezca. La vieja dicotomía entre tarea y satisfacción en el ámbito laboral debe quedar superada por esta visión.

La satisfacción del buen profesional vocacionado no reside en la disminución de la tarea, sino en el sentido profundo de la misma en la que pueda encontrar el desarrollo de sus mejores talentos.

Esto supone que tanto en la elaboración de eso que se pretende hacer realidad –visión, proyectos, modelo de escuela, etc.– como en el diseño y ejecución del proceso de implantación es imprescindible la presencia activa y comprometida de la mejor sabiduría disponible en nuestros claustros. Tal como hemos visto, no se trata de intentar convencer a nuestros educadores de la bondad de lo que les pedimos, sino de involucrarlos en una serie de proyectos en los que sientan que pueden desarrollar lo mejor de sí mismos con el fin de que asuman de verdad la responsabilidad sobre el devenir del colegio.

c) El círculo virtuoso de la función directiva

Esta visión del objetivo básico y nuclear de la función directiva no es una cuestión teórica, sino que se despliega en un modo bien definido de ejercer la función directiva que es necesario captar en toda su profundidad para que realmente responda al objetivo que nos hemos planteado. Este despliegue de la función directiva se concreta en seis tipos de actuaciones:

– *Conocer y reconocer.* El objetivo consiste en conocer a fondo y en profundidad la realidad de cada uno de nuestros educadores en la línea de lo que planteamos anteriormente. Cuál ha sido su recorrido, su trayectoria, el momento presente y, sobre todo, localizar su sabiduría, sus recursos y sus talentos. Es el momento también no solo de conocer, sino también de reconocer una y otra vez lo que son y lo que aportan. De este modo, también podemos alimentar su vocación a partir de ese reconocimiento. Así podremos adquirir un buen perfil de su situación y de sus posibilidades. Es el esfuerzo constante imprescindible para sacar a nuestros educadores del anonimato en el que a veces los situamos. Se entiende que esta acción va mucho más allá de un mero interés externo acerca de su situación, y por eso requiere preparación –no es una mera conversación de pasillo– y dedicación prioritaria en tiempo y en análisis. Es un tiempo de escucha y de empatía que no debe quedar contaminado por ningún otro mensaje que no sea la búsqueda del conocer y la manifestación clara del reconocimiento.

– *Convocar para abrir procesos.* En este conocimiento de la realidad surge con claridad cuáles son los recursos tanto afectivos –ilusión, entrega, confianza, etc.– como intelectuales –sabiduría educativa– disponibles. Llega el momento de establecer por parte de la dirección aquellos proyectos que aparecen como más necesarios por nucleares. Cuando hablamos de proyectos, no nos referimos a proyectos de innovación, sino a aquellos que mejor pueden estar al servicio de la renovación de nuestra identidad educativa. Imaginemos, por ejemplo, que un determinado centro carece de una visión compartida clara y definida de la escuela a la que tendemos. El primer proyecto que será necesario afrontar es el de la construcción de una visión compartida de la escuela que queremos. En otros casos se tratará de profundizar en uno de los ámbitos de la escuela que necesitamos repensar, como puede ser el planteamiento de la acción tutorial y el modo en el que seguimos la evolución de nuestros alumnos desde una perspectiva vocacional. La elección de los proyectos a los que vamos a convocar a esa sabiduría disponible es crucial, y es en esa elección en la que la dirección manifiesta su nivel. Hay que apuntar alto pensando siempre en el mejor desarrollo de nuestra identidad educativa. No podemos reducir estos proyectos al ámbito meramente didáctico, sino que debemos abarcar toda la realidad de la escuela desde una visión armónica de ella.

Es el momento de «llamar a la sabiduría», de convocar para el desarrollo de los diferentes proyectos que se deseen abrir poniendo en juego tres condiciones indispensables. La primera es la claridad en el encargo definiendo bien cuáles son sus objetivos, cuál su alcance y cuál el resultado final que se espera. La segunda consiste en la dotación de los recursos necesarios; no podemos hacer recaer esta propuesta de trabajo sobre la buena voluntad de los de siempre, hay que proporcionarles los recursos de tiempo e incluso económicos que les permitan afrontar el reto con confianza. Y la tercera es el reconocimiento de su autonomía, contando con la persona elegida a la hora de confeccionar su propio equipo, por ejemplo.

– *Seguimiento y acompañamiento del trabajo.* Tal como hemos planteado, es la dirección la que proporciona las preguntas que van a marcar el proceso aportando también los materiales necesarios. Este punto es de extraordinaria importancia. No se trata de plantear un proyecto de renovación educativa abierto a cualquier inspiración, sino *en el marco de nuestra propia identidad.* Si, como comentábamos antes, el proyecto se refiere a la renovación del seguimiento de nuestros alumnos, habrá que proporcionar a ese equipo de trabajo lo mejor de nuestra tradición en ese ámbito. No estamos ante ningún tipo de manipulación o de dirigismo, sino que actuamos desde la plena confianza en que en nuestra tradición disponemos de recursos educativos contrastados como fuente inagotable de inspiración. Ella, lo hemos visto, nos proporciona una utopía educativa, una visión de la persona y del mundo, un modo de mirar a nuestros alumnos, un sentido para todos y cada uno de los ámbitos culturales que transmitimos a nuestros alumnos. Si queremos que nuestro proyecto de EC sea sostenible, debemos involucrar en todo proyecto las fuentes de nuestra identidad. Uno de los grandes errores en los que hemos podido caer es precisamente esa dramática desvinculación entre nuestras fuentes y los procesos de innovación. Abrimos procesos que intentan renovar nuestras escuelas inspirados en fuentes externas y luego convocamos a nuestros educadores para hablarles de identidad. Mi experiencia en este tipo de procesos es que nuestros educadores descubren con entusiasmo nuestra propia tradición cuando comprueban que en ella encuentran inspiración valiosa para responder a los retos del presente mucho más que cuando los reunimos para explicarles nuestro carisma con grandes discursos.

En este proceso, el seguimiento y el acompañamiento es imprescindible con el fin de dar confianza, pero también de reorientar en el momento que sea necesario. Nuestros educadores no están en absoluto acostumbrados a este tipo de trabajo intelectual y educativo y tienden de manera obsesiva a la búsqueda de recetas inmediatas. Hay que intentar por todos los medios que levanten la mirada. Las concreciones llegarán, pero antes resulta necesario bucear en las fuentes y centrarnos en la búsqueda de criterios sólidos.

– *Validar y planificar.* Hay que dejar claro desde el principio que la validación final de la propuesta que se elabore corresponde a la dirección. Si el seguimiento y el acompañamiento han sido rigurosos, esta se dará de manera muy natural y sin desencuentros ni tensiones. Ahora bien, si los equipos de trabajo han sido abandonados y no han percibido ese diálogo constante, entonces nos podemos encontrar con sorpresas no deseadas. Pero si el proceso se ha llevado con cercanía y con rigor, el resultado tendrá dos características muy importantes: es el resultado de la sabiduría de los educadores y, por tanto, lo consideran suyo, y además nuestra identidad ha intervenido en la configuración de ese mismo resultado. He aquí dos características fundamentales de cara a nuestro objetivo de sostenibilidad.

Una vez validado el resultado del proyecto se convierte en prescriptivo, y es la dirección la que se responsabiliza de que se convierta en un plan de cara a su implantación.

– *Implementar y ejecutar.* El resultado del proyecto no es una simple recomendación, sino que, en el plazo que se considere oportuno, deberá hacerse realidad. Es el momento de hacer que las cosas ocurran como comentábamos antes. Con una diferencia: todos saben cuál es el origen de eso que se pretende implantar, y van a ser los mismos que han trabajado en ello los que van a liderar el proceso de formación necesario con el apoyo decidido de la dirección. Ese equipo se convierte en el «especialista» sobre ese ámbito en concreto. Ni el proyecto viene de fuera o de arriba ni la formación viene de fuera o de arriba.

Estas circunstancias no eliminarán las fuertes barreras que algunos de nuestros educadores levantan cuando se trata de afrontar un cambio, pero esas mismas circunstancias hacen que la fuerza de coerción de la dirección tenga mucho mayor fundamento. De ahí que la dirección deba comprometer todo su poder en conseguir la ejecución del plan propuesto. Si no lo consigue, el modelo se quebrará, aparecerá la desconfianza y cualquier otra propuesta que venga de la dirección caerá en saco roto.

– *Control y evaluación.* La misma fuerza que se pide a la dirección para la implementación hay que asegurarla para el control y la evaluación. De hecho, el control y la evaluación adquieren su verdadero sentido en el marco del desarrollo de los diferentes proyectos, porque permiten objetivar si realmente un determinado educador cumple con sus responsabilidades o no. Por otro lado, el control y la evaluación constituyen un preciado instrumento para el reconocimiento y la animación de los mejores.

Hablamos de círculo virtuoso de la función directiva porque estas seis iniciativas pueden dar lugar a una dinámica circular muy interesante en la vida de nuestras organizaciones.

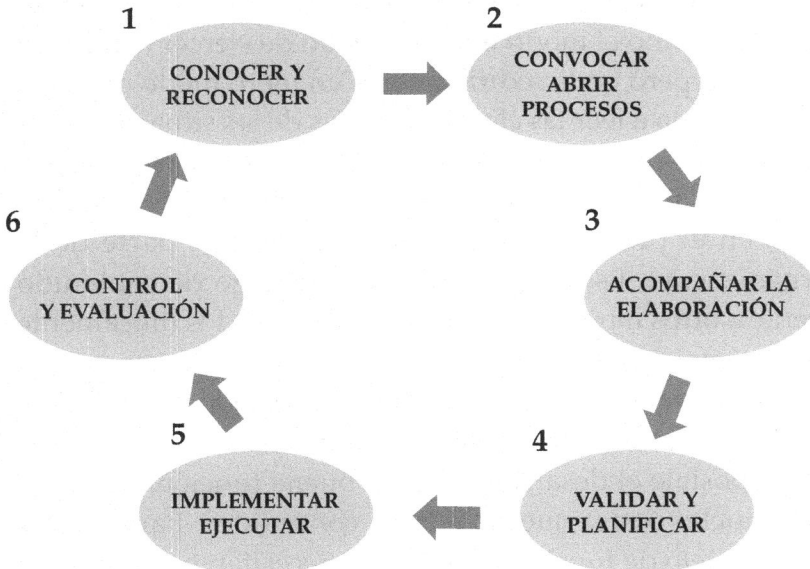

Cada una de estas acciones que acabamos de describir, consideradas en sí mismas, son acciones que normalmente se atribuyen a toda función directiva. En efecto, la dirección planifica, controla, convoca, conoce y acompaña. La diferencia reside en que, desde esta perspectiva, cada una de esas acciones, a menudo inconexas, adquieren una narración y un sentido. Ya no se controla porque toca, sino

167

porque queremos conocer el grado de transformación que el proyecto está produciendo en la escuela y valorar el nivel de aportación con el que cada educador ha contribuido a ello.

Para que este círculo virtuoso funcione es necesario e imprescindible que quien ejerce la función directiva se focalice en su desarrollo priorizándolo sobre otro tipo de acciones o de urgencias. Además, se requiere que quien ostenta esa función directiva, persona o equipo, sea reconocido como un líder de «contenido» y no meramente formal. El liderazgo se ha introducido en nuestras organizaciones como el modo más adecuado de ejercer la función directiva, pero no lo reduzcamos a un mero modo de hacer que se limita a leer las claves afectivas de las situaciones organizacionales en las que se mueven las personas. La primera condición del líder es el reconocimiento de su autoridad, en el pleno sentido de la palabra, por parte de la organización. Es lo que yo llamo liderazgo de contenido frente a otros modelos que se predican basados únicamente en el cómo el líder actúa y no en el qué representa y qué encarna ese líder. El poder va con el cargo, la autoridad te la conceden los miembros de la organización. Sin autoridad no es posible el desarrollo de una buena función directiva, por mucho poder que se le haya concedido[2]. Para liderar este modelo de función directiva se necesitan personas que sean capaces de plantear y de acompañar todos estos procesos que acabamos de describir, y eso requiere vivencia del carisma educativo propio, estudio, profundización, capacidad de acompañamiento y una buena visión de la es-

---

[2]   Para una visión más completa de la necesaria combinación entre autoridad, servicio y poder en la función directiva, cf. J. CORTÉS / J. A. VIGUERA, *Gestionar para educar*, o. c., pp. 9ss.

cuela que soñamos. Sin estas claves, el modelo no funciona. Será necesario entonces orientar la formación de nuestros directivos en esta línea.

¿Cuáles son las ventajas de este modelo sobre otros?

– Las propuestas que se presentan como prescriptivas son fruto y expresión de la sabiduría existente en la organización, nacen del propio claustro.

– Las propuestas que de aquí se deriven tienen más posibilidades de consolidarse en la propia organización porque su origen y su fuerza coercitiva no residen en la capacidad de convicción y de presión de la dirección, sino que son manifestación de las propias energías innovadoras del claustro. Esto evita que determinados proyectos propuestos desde arriba no arraiguen.

– Los educadores son invitados a participar activamente en aquellos ámbitos que pueden estar más cercanos a su talento, con lo cual se abre una vía para el desarrollo personal y profesional.

– Los educadores no solo son convocados para la elaboración de las propuestas, sino que asumen también el liderazgo de la formación de cara a su implantación, siempre con el apoyo de la dirección, y se convierten en los «especialistas» y punto de referencia del claustro en ese determinado ámbito.

– Se abren dinámicas constantes de creación en la organización. La escuela está viva y es ella misma la que se pone en movimiento a partir de sus fortalezas y de sus propias energías.

– La identidad queda instalada como una fuente real de inspiración y de configuración de la escuela que queremos a la luz de nuestra mejor tradición.

– Los educadores encuentran ámbitos de desarrollo personal y profesional fuera de la línea jerárquica. Hay carrera profesional distinta del acceso a puestos directivos.

– Los sucesivos proyectos que se vayan abriendo responden a una línea de desarrollo de la escuela que queremos construir y presentan algún tipo de coherencia de tal manera que se evita la sensación de que constantemente seguimos iniciando, pero nada se consolida.

Esta propuesta, más que un esquema fijo que se debe seguir con rigor esquemático, constituye una mentalidad, una manera de contemplar el modo en que la función directiva intenta conseguir el doble objetivo indisoluble que hemos planteado: hacer que ocurran cosas que nos acerquen cada vez más a la escuela identitaria que queremos y conseguir la auténtica incorporación de nuestros educadores en el proyecto para que sean ellos, no ninguna instancia de control, los que aseguren la sostenibilidad de la EC.

Esta propuesta supone una apuesta radical por los procesos como el medio más eficaz y eficiente a la hora de intentar transformar las organizaciones y, en este caso, la escuela. Abrir procesos, crear dinámicas protagonizadas por los propios miembros de la organización, es el mejor medio para conseguir que algo arraigue de verdad. El papa Francisco lo ha planteado con toda claridad y rotundidad en *Evangelii gaudium,* y a medida que su magisterio se va desarrollando nos percatamos de que realmente él ha asumido ese planteamiento en su modo de ejercer su pontificado. Frente a cambios planteados y forzados desde arriba siempre ha optado por abrir procesos de amplia participación, como es el caso del todo el movimiento de reflexión sinodal que ha promovido. Escuchemos su palabra:

Hay un primer principio para avanzar en la construcción de un pueblo: el tiempo es superior al espacio.

Este principio permite trabajar a largo plazo, sin obsesionarse por resultados inmediatos. Ayuda a soportar con paciencia situaciones difíciles y adversas, o los cambios de planes que impone el dinamismo de la realidad. Es una invitación a asumir la tensión entre plenitud y límite, otorgando prioridad al tiempo. Uno de los pecados que a veces se advierten en la actividad sociopolítica consiste en privilegiar los espacios de poder en lugar de los tiempos de los procesos. Darle prioridad al espacio lleva a enloquecerse para tener todo resuelto en el presente, para intentar tomar posesión de todos los espacios de poder y autoafirmación. Es cristalizar los procesos y pretender detenerlos. Darle prioridad al tiempo es ocuparse de *iniciar procesos más que de poseer espacios*. El tiempo rige los espacios, los ilumina y los transforma en eslabones de una cadena en constante crecimiento, sin caminos de retorno. Se trata de privilegiar las acciones que generan dinamismos nuevos en la sociedad e involucran a otras personas y grupos que las desarrollarán, hasta que fructifiquen en importantes acontecimientos históricos. Nada de ansiedad, pero sí convicciones claras y tenacidad.

A veces me pregunto quiénes son los que en el mundo actual se preocupan realmente por generar procesos que construyan pueblo, más que por obtener resultados inmediatos que producen un rédito político fácil, rápido y efímero, pero que no construyen la plenitud humana (nn. 222-224).

Estos párrafos del papa Francisco recogen con absoluta fidelidad el espíritu de esta propuesta de función directiva que estamos describiendo resumido en una formulación magistral: «Se trata de privilegiar las acciones que generan dinamismos nuevos e involucran a otras personas y grupos que las desarrollarán»[3]. No se trata de ocupar espacios, especialmente el espacio del poder, del control, de la propuesta inmediata y cerrada, de la seguridad, de la uniformidad, de la cerrazón ante la diferencia y la crítica, de la obsesión por conservar modos y maneras del pasado, sino más bien de apostar por la confianza y por el dinamismo creativo.

d) La aportación de valor de las estructuras globales

Uno de los cambios más significativos que se han producido en las últimas décadas en el modelo de gobernanza de la EC ha sido la aparición de estructuras centrales que han ido asumiendo la gestión de los centros en la medida en que las instituciones ya no eran capaces de hacerlo debido a su debilidad. Esta es una realidad generalizada que conviene revisar y quizá repensar a la luz del criterio de sostenibilidad: ¿cuál el modelo de estructura central que mejor puede asegurar la sostenibilidad de nuestros colegios?, ¿a qué criterios debemos acudir a la hora de configurarlas?, ¿cuál es realmente su papel?, ¿qué valor añadido esperamos de ellas? Si creemos que la sostenibilidad depende del control que ejerzamos sobre los colegios para que no se desvíen del camino, entonces configuraremos una estructura con un reglamento en el que queden bien fijadas las parcelas de poder de cada nivel. Si consideramos que la clave de la sostenibilidad reside en asegurar la presencia y el control de los religiosos, la estructura resultante seguirá colocando religiosos en los puestos clave, hayan demostra-

---

[3] *Evangelii gaudium* 223.

do o no de manera objetiva sus competencias para ello. De nuevo, los modelos organizacionales responden a los criterios que cada uno tiene en la cabeza. Es necesario que nos preguntemos por ellos y que los verbalicemos con toda honradez. Veamos algunos criterios y orientaciones al respecto:

– Mejor hablar de estructuras globales que de estructuras centrales. La perspectiva global reconoce la radical diversidad de cada una de las realidades desde una convicción profunda: el proyecto educativo es capaz de encarnarse en cualquier realidad haciéndose fecundo en ella. Por eso conoce y domina profundamente cuáles son las claves de ese proyecto y acompaña a los responsables locales en su responsabilidad de hacerlo realidad desde el convencimiento de que son ellos, los responsables locales, los que asumen en toda su magnitud el desarrollo del proyecto. Frente a esta mentalidad de la visión global se sitúa la mentalidad centralista. La estructura central es la que marca aquello que se tiene que ir desarrollando en lo local, de ella emanan los planes con sus acciones y sus calendarios para que todos vayan a la par. Pongamos un ejemplo. Dentro del proyecto educativo de determinada institución, el seguimiento, acompañamiento y evaluación del profesorado es un punto importante. La mentalidad global proporciona a lo local los instrumentos para ello y procura que ese compromiso de seguimiento, acompañamiento y evaluación del profesorado quede de verdad incrustado en el quehacer de los responsables de lo local. Por el contrario, la mentalidad centralista decide cuándo y cómo todos los centros, a la vez, deben llevar a cabo todo el proceso de evaluación del profesorado, que se dirige desde lo central, con lo cual lo local queda a la espera de la iniciativa de lo central en este punto.

– La EC no existe fuera de la realidad local, de su concreción y encarnación en un determinado contexto sociocultural. Lo que sí existe previamente es un proyecto educativo desplegado y manifestado en tradiciones centenarias. La principal misión de las estructuras globales consiste en trabajar para que el proyecto quede de verdad instalado en los responsables locales en toda su profundidad y magnitud, pero la responsabilidad del despliegue del proyecto reside en los responsables locales. Los colegios no se dirigen desde lo central, sino desde lo local, con todo el apoyo y validación necesarios por parte de la estructura global, que debe comprobar constantemente que *los planes de despliegue del proyecto en lo local responden a las claves del proyecto*. Esta es auténtica aportación de valor. No se trata de sustraer decisiones de lo local para pasarlas a lo central y así «asegurar», sino de empoderar a lo local para que *sientan, piensen y actúen desde el proyecto identitario*. En mis constantes encuentros con centros de diversas instituciones me encuentro cada vez más con comentarios similares: esto no lo decidimos aquí, lo deciden en la central. Pensar que nuestro proyecto será sostenible porque reservamos determinadas decisiones a las estructuras centrales es un error, como muy bien ha demostrado la historia de las organizaciones. Será sostenible lo que esté arraigado en lo local. Si, siguiendo el ejemplo anterior, lo local solo lleva a cabo evaluación del profesorado cuando viene marcada por lo central y no lo tiene incorporado como una dinámica propia y natural, ese aspecto no será sostenible.

– El modelo de estructura global que planteamos está muy alejado de un simple *laissez faire,* es mucho más profundo. No se trata ni de abandonar a su suerte las realidades locales para que tomen las decisiones que consideren oportunas ni de sustraer niveles de decisión a lo local permitiendo que en el resto cada cual actúe como quiera, sino de trabajar para que lo local vaya incorporándose a su *forma de pensar* la dinámica de nuestro proyecto en todos y cada uno de los ámbitos del colegio. La tarea de la estructura central no es comprobar si lo local cumple con lo que se ha mandado, sino si aquello que se da en lo local está planteado desde la disciplina y el rigor del proyecto tal como lo hemos ido desgranando a lo largo de toda nuestra reflexión. Cuando lo local plantea sus planes y proyectos, la respuesta de la estructura global no debe ser aprobación o no aprobación, sino una invitación a que se pregunten cuáles son las fuentes de todo eso que desean desarrollar en el colegio y hasta qué punto responde al deseo profundo de recrear la tradición, no tanto de repetirla o de ignorarla. Este proceso compartido entre la estructura global y los responsables locales es el mejor medio para ir educando de verdad a la organización para que aprenda a pensar desde bases sólidas y así, poco a poco, miren a la escuela desde el impulso identitario, dejando claro que al final será la estructura global la que validará definitivamente los planes. El objetivo fundamental es enseñar a pensar la educación desde lo que somos. Las estructuras globales tienen una enorme responsabilidad en el objetivo de asegurar la sostenibilidad de la EC, y sin ellas esta no será posible. La cuestión reside en situar bien cuál es su aportación de valor y su lugar imprescindible en las dinámicas de sostenibilidad de la EC. El perfil de estructura global que estamos proponiendo se inclina claramente por una opción por los valores desarrollo frente a los valores de control[4].

---

[4] Valores de control: eficacia, centralización, calidad, responsabilidad, cumplimiento, optimización, orden obediencia. Valores de desarrollo: confianza, auto-organización, calidez, autonomía, creatividad, potenciación, va-

– Las estructuras centrales, en la medida en que van sustrayendo ámbitos de gestión y de decisión a las estructuras directivas locales, tienen la tendencia a crecer de manera peligrosa. Se localiza un problema o un nuevo reto o, simplemente, se abre una línea de trabajo, e inmediatamente se crea un puesto en la central con el fin de que se ocupe de ello. Junto a esa tendencia a ir aumentando las estructuras centrales se da otra que va casi siempre pareja: la proliferación de documentos, fenómeno que a veces puede hacer bueno el aforismo latino *in pessima republica, plurimae leges*. Estamos ante una tendencia generalizada de las organizaciones con mentalidad centralista, tal como se denuncia en esta cita:

> En las últimas décadas hemos visto proliferar funciones de *staff*. Las personas que realizan estas funciones tienen una tendencia natural, a menudo con la mejor intención, de demostrar su valía encontrando formas de «agregar valor»: trazar reglas y procedimientos, desarrollar experiencias, encontrar nuevos problemas que resolver. Básicamente concentran el poder y la toma decisiones lejos de la primera línea. Y la gente que trabaja se siente desempoderada: tiene que seguir las reglas, que suelen tener sentido solo en teoría, pero que no pueden adaptarse ni dar respuesta a la complejidad de las situaciones concretas a las que se enfrentan sobre el terreno[5].

Frente a esta mentalidad de acumular gestión por parte de la central, la estructura global opta por proveerse no tanto de gestores, sino de *sabiduría referente y de reconocida autoridad* en todos los ámbitos de desarrollo del proyecto

---

riedad, empoderamiento. Cf. S. García / S. Dolan, *La dirección por valores*. Madrid, McGraw-Hill, 2003, pp. 113ss.

[5] F. Laloux, *Reinventar las organizaciones*, o. c., p. 111.

educativo que sea capaz de llevar a cabo esa tarea de educación de los responsables locales, tal como acabamos de plantear. El peso de la estructura global reside en la autoridad y en el servicio, no tanto en el poder. La peor versión de las estructuras de mentalidad centralista se da cuando el que la ejerce, además, no goza de autoridad. En estos casos, la desafección está servida.

– Ya lo comentamos anteriormente, mucho se habla de red de colegios, pero muy pocos están de verdad constituidos en auténtica red. Eso supone que no hay un solo centro, sino varios nodos que conectan diferentes realidades, siempre con la intención de abrir conexiones creativas con el fin de aportar sabiduría a todo el conjunto. De esa manera se podría dar el caso de que el punto de referencia en un determinado ámbito, la enseñanza de las lenguas por ejemplo, no estuviera en la estructura global, sino en uno de los centros, porque han sido ellos los que han implementado mejor ese proyecto en concreto. El auténtico trabajo en red parte de la base de que la sabiduría no está centralizada, sino que anida en todos los rincones y, por tanto, se trata de sacarla a luz, de darle protagonismo y empoderarla para que interaccione directamente con todos los puntos de la red. En este sentido, debemos recordar que el modelo de función directiva que quiere desarrollar una estructura global no es otro que el que henos descrito antes como el círculo virtuoso. Una auténtica red de colegios tal como la estamos describiendo hará mucho más sostenible nuestro proyecto de EC, puesto que amplía la implicación de muchos más miembros del conjunto de los colegios.

– Este modelo de estructura global tiene muchas más posibilidades de contribuir a la sostenibilidad de la EC que los modelos centralistas, ya que apuesta claramente por la transformación interna de los responsables de la realidad de cada uno de nuestros colegios, de tal manera que se puedan llegar a constituir en los auténticos garantes de la fuerza del proyecto. Es, además, el modelo de estructura que mejor colabora con el doble objetivo de la función directiva:

> Liderar y desarrollar organizaciones capaces de encarnar un proyecto educativo en una determinada realidad sociocultural, desde una visión global, de tal manera que las personas que conforman la organización encuentren en esa realidad educativa su mayor realización como educadores cristianos y sean ellas mismas, las personas y la propia organización, las portadoras de identidad fecunda y creadora[6].

– Este modelo de estructura global está profundamente inspirado en uno de los grandes valores que la enseñanza social de la Iglesia ha desarrollado: el principio de subsidiariedad. En él encontramos uno de tantos tesoros de un magisterio a menudo demasiado ausente como criterio cuando en nuestras instituciones que tanto predican el compromiso social se toman decisiones estructurales. El principio de subsidiariedad, que nació como un intento de poner límites al Estado en su afán de invadir ámbitos que no le corresponden, se convirtió para la enseñanza social de la Iglesia en un valor que debe ser aplicado en cualquier organización que se remita a los principios sociales cristianos.

> La subsidiariedad es característica esencial de toda vida social: de igual manera que el Estado no puede erigirse en representante único de la sociedad y realizar por sí funciones que grupos inferiores pueden cumplir, tampoco estos mis-

---

[6] J. Cortés / J. A. Viguera, *Gestionar para educar,* o. c., p. 35.

mos grupos pueden invadir el área de autonomía de otros grupos menores o la libre iniciativa del individuo.

Conforme a este principio, todas las sociedades de orden superior han de ponerse en actitud de ayuda *(subsidium)* –por tanto, de apoyo, promoción, desarrollo– respecto de las menores[7].

No hay mejor manera de concluir estas consideraciones sobre las características de la estructura global que necesitamos para asegurar una mayor sostenibilidad que subrayar toda la profundidad y el alcance del último párrafo de esta cita de la enseñanza social de la Iglesia. *Ayuda, apoyo, promoción y desarrollo,* he aquí el objetivo fundamental de la estructura global.

2. Repensar los esquemas organizativos

A la par que han ido surgiendo estas estructuras que acabamos de describir han ido apareciendo también algunas modificaciones en los esquemas organizativos de nuestros colegios que convendrá revisar a la luz del objetivo de sostenibilidad.

El esquema organizacional que hizo funcionar a la EC durante años era sencillo. La estructura jerárquica estaba constituida por el director o directora del colegio, que se apoyaba en los directores de cada una de las etapas que componían la escuela. Por otro lado, las estructuras organizativas que marcaban la interrelación entre el profesorado eran muy naturales. Por una parte, se compartía toda la vida en el

---

7 Departamento de Pensamiento Social Cristiano, *Una nueva voz para nuestra época.* Madrid, Universidad Pontificia Comillas, 2006, p. 146.

ámbito comunitario, incluso en algunos casos se corregía y se preparaban las clases en salas de trabajo comunes, y, por otra, el seguimiento de los grupos de alumnos con reuniones explícitas para ello era prácticamente semanal.

Con el paso del tiempo han ido surgiendo figuras como la dirección titular, la dirección pedagógica, los jefes de estudio, los departamentos, con sus respectivos jefes, etc., que se han ido incorporando progresivamente sin demasiada reflexión global sobre qué estructuras organizativas son las más adecuadas para desarrollar la función directiva, tal como la hemos descrito. Es interesante preguntarse cuál es el origen de todas esas incorporaciones y darnos cuenta de dónde ha surgido o cuál ha sido la circunstancia que las ha provocado.

a) Criterios para tener en cuenta

– La organización debe ser contemplada en el contexto que le da sentido: constituye el medio que ponemos en pie para que el proyecto educativo llegue a los alumnos de la mejor manera posible.

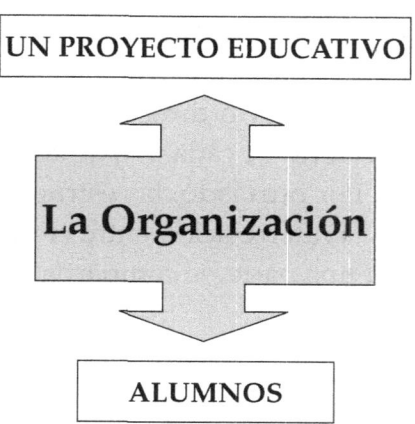

La cuestión que nos planteamos es qué tipo de estructuras organizativas son las que mejor pueden colaborar a esa finalidad en un ejercicio que requiere de una cierta distancia con los esquemas que ya tenemos incorporados de manera acrítica.

– Las organizaciones se definen por los diferentes flujos y procesos que se puedan establecer entre los cinco elementos que las constituyen: las personas, los equipos, los espacios, los tiempos y los recursos y medios materiales:

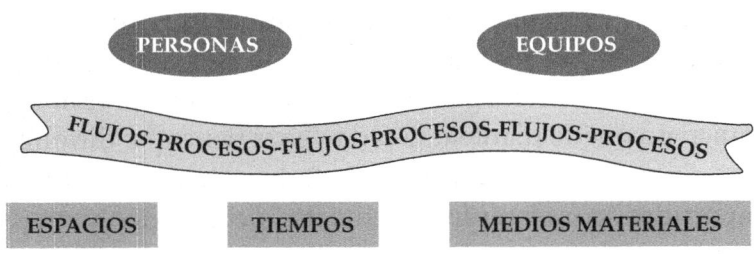

Habrá que responder entonces a una serie de preguntas: ¿qué personas necesito para que mi proyecto educativo llegue a los alumnos?, ¿qué y cuántos equipos de trabajo son necesarios para cumplir con ese objetivo?, es decir, ¿qué tipo de relaciones de trabajo voy a establecer porque me parecen imprescindibles para cumplir con el objetivo?, ¿qué espacios y qué tiempos debo proporcionar para ello?, ¿qué recursos y medios materiales serán necesarios? Y, sobre todo, ¿qué flujos y procesos necesitamos poner en pie entre todos esos elementos para que la escuela esté al servicio de la transmisión del proyecto educativo? Creo que hacer estas preguntas de manera limpia, en un ejercicio de aislarse de las estructuras que tenemos asumidas, puede ser muy clarificador. Olvidémonos por un momento de los esquemas prefijados y démosle una oportunidad a la imaginación creativa, pensando siempre en nuestro objetivo: hacer llegar el proyecto educativo a nuestros alumnos. Ya buscaremos los modos de establecer los puentes entre los nuevos planteamientos y las nomenclaturas que nos vienen dadas por la administración.

– Tanto nuestra propia tradición como, sobre todo, las mejores teorías sobre el desarrollo organizacional apuestan claramente por el principio fundamental de la unicidad de la responsabilidad: un solo responsable como referencia única. Está más que demostrado que las responsabilidades compartidas en el ámbito de la gestión no funcionan, por muchas razones. La fundamental es que, por mucho que todo quede clarísimo en un papel, quién se ocupa de qué, la vida no funciona así, y el que necesita la referencia de su responsable jerárquico no puede plantearse cada vez si tiene que dirigirse a uno o a otro. Por otra parte, cuando hay responsabilidades compartidas, por ejemplo, un director pedagógico y un jefe de estudios, siempre deberá haber uno cuya autoridad esté por encima del otro, con lo cual realmente la responsabilidad no es compartida, porque no puede serlo, por mucho que quede perfectamente definida en un reglamento. Las responsabilidades compartidas consumen mucha más energía porque en el día a día ambos responsables se pueden encontrar ocupados por el mismo asunto. Tampoco es saludable dar responsabilidades sobre un determinado ámbito, pero reservándose para otras estructuras parte de ese ámbito. Las realidades organizacionales, una etapa escolar, por ejemplo, no se pueden seccionar: lo académico, por un lado; lo disciplinar, por otro; lo pastoral, por otro; lo económico, por otro; lo extracurricular, por otro; cada uno de ellos con referentes de autoridad distintos y a menudo con dinámicas autónomas propias. Esa mentalidad produce uno de los dolores de cabeza más comunes en las organizaciones escolares: la necesidad de coordinarse. Curioso, montamos una estructura parcializada en vertical y resulta que luego tenemos que coordinarnos. En este caso, es bueno traer a colación la frase de Einstein: «No podemos resolver problemas de la misma manera que cuando los creamos». Podemos caer en el error de montar colegios troceados –de esto se encarga la central; de esto, el titular; de esto otro, el director pedagógico; de esto, el jefe de estudios; de esto, el de pastoral; de esto, el de extracurriculares; de esto, el jefe de departamento; todos ellos con pretensión de tener mando en plaza…– y luego empeñarnos en que todas esas piezas inconexas se coordinen.

– Los ámbitos de una escuela vienen marcados por la realidad de los alumnos, y las estructuras organizacionales deben responder a las necesidades de cada uno de esos ámbitos. Es muy claro que los alumnos de Infantil forman un ámbito, como los de Primaria, como los de la Secundaria Obligatoria, como los de Bachiller. Si el colegio es pequeño, lógicamente no se pueden tener grandes estructuras directivas y quizá haya que agrupar, pero en los colegios de mayor número de alumnos no tiene sentido organizar las estructuras jerárquicas en función de la comodidad del profesorado o la legislación. Las características de los alumnos de cada uno de esos ámbitos son compartidas y, por tanto, la organización debe dar respuesta a cada una de esas realidades de manera diferenciada. Debemos pensar esa especial combinación de personas, equipos, tiempos, espacios y medios materiales *desde la realidad de los alumnos,* no desde otros criterios.

– Las reuniones son un medio, no un fin. El fin viene marcado por una determinada necesidad, por ejemplo, la coordinación de un determinado equipo de educadores de un ámbito. La reunión de ese equipo es uno de los medios de que se dispone para cubrir la necesidad, pero no necesariamente el único. Podemos tener la tendencia a colocar de manera inmediata un tiempo fijo de reunión para «asegurar» que esa necesidad va a quedar cubierta cuando la experiencia nos demuestra que eso no siempre es así. Hay que tener en cuenta que las horas de dedicación de un profesor son un bien muy preciado, y será necesario pensar bien qué tiempos cerramos en su horario. Necesitamos adquirir una disciplina rigurosa en la dinámica de las reuniones. No tiene sentido hacerlas si no hay unos temas previos bien comunicados y, sobre todo, si no se ha producido un trabajo personal previo. Las reuniones se programan cuando son realmente necesarias y, en efecto, las habrá que necesiten quedar fijadas en calendario con el ritmo que proceda, pero debemos huir de la convicción de que es necesario establecer las reuniones porque, si no, «los profesores no trabajan». El mundo profesional ya no funciona así desde hace tiempo, los flujos necesarios entre profesionales, especialmente con la llegada del mundo digital, se pueden asegurar de otro modo. Lo importante no es controlar si la reunión se ha llevado a cabo como estaba en el calendario, *sino si realmente el objetivo de coordinación se ha producido,* y para eso es necesario establecer mecanismos de control y evaluación a los que estamos poco acostumbrados. Todos sabemos que la presencia física de los educadores en determinadas reuniones no es garantía de nada, todo depende de la dinámica que se haya establecido y del papel que se le haya concedido a la reunión en esa dinámica. En cualquier caso, me parece imprescindible llevar a cabo una profunda revisión de nuestra mentalidad acerca de las reuniones. Contemplando los horarios de algunos profesores, uno se pregunta en qué momentos tienen posibilidad de estar con los alumnos un poco más allá de las horas lectivas.

– Se entiende por consenso aquel punto de acuerdo que un equipo alcanza cuando hay diferencias claras entre las diversas posturas que se han presentado para afrontar un determinado reto. El consenso supone que no hay vencedores ni vencidos, sino que, cediendo unos y otros, se consigue una especie de punto intermedio que puede satisfacer mínimamente a todos. El resultado es una especie de Frankenstein que en muchas ocasiones integra en sí mismo posiciones completamente contradictorias. Pues bien, el consenso así entendido no es una buena manera de tomar decisiones, porque prima la satisfacción personal sobre la fuerza de los argumentos.

> En principio, hablar de consenso suena atractivo: darles a todos voz por igual. En la práctica suele degenerar en una tiranía colectiva del ego. Cualquiera puede bloquear al grupo si no se incorpora su visión; no solo el jefe, todos tienen poder sobre los demás, aunque solo sea para paralizar. El intento de acomodar los deseos de todos tiende a volverse una meta tormentosa. El consenso tiene otro defecto: diluye la responsabilidad. En muchos casos, nadie se siente responsable de la decisión final. El que había propuesto algo originalmente se frustra porque el grupo diluyó una idea hasta dejarla irreconocible. Si las cosas no salen como estaba planeado, no está claro quién es el responsable[8].

La toma de decisiones por consenso no hace avanzar a las organizaciones, es un modo de decisión más cercano a la vida política que a la creatividad. Las decisiones en materia de educación se deben tomar escuchando a todos los que puedan estar implicados en ellas y, sobre todo, escuchando a quien sabe, apoyándose en la fuerza y rigor de los argumentos. ¿Qué hacer cuando no se llega al acuerdo? Acudir a la responsabilidad jerárquica correspondiente y que ella decida, no de forma salomónica, sino apoyada en el valor educativo de

---

[8]   F. LALOUX, *Reinventar las organizaciones*, o. c., p. 156.

la propuesta. No me resisto a ilustrar con una anécdota hasta qué punto tenemos incorporado, equivocadamente, el consenso como la mejor forma de decisión. Hace ya algunos años, en un colegio se iniciaba la introducción de los ordenadores para el uso y trabajo del profesorado. Un sector de los profesores defendía el modelo Mac, y otro, optar por Windows. Ante tal dilema, la dirección optó por instalar la mitad Mac y la otra mitad Windows. Con el paso del tiempo se acabó imponiendo Windows, pero en el camino la solución salomónica no causó más que inconvenientes. Los ejemplos se podrían multiplicar. El consenso busca como primer criterio la paz y el bienestar, y ese no es un buen criterio para tomar decisiones en una escuela. Entre las funciones del modelo de función directiva que hemos descrito está con toda claridad la de validar, y no se puede ni se debe renunciar a ello, por mucho esfuerzo que nos cueste.

b) Algunas estructuras para revisar

En el mundo profesional de un cierto nivel constatamos una importante evolución de los modelos organizativos; en casi cualquiera de esos sectores los profesionales no trabajan como hace apenas un par décadas. Esta realidad contrasta fuertemente con la poca evolución que las estructuras organizacionales han tenido en el ámbito educativo. El modo de trabajo de un colegio se parece mucho al modo en que se trabajaba años atrás. Las reflexiones anteriores son una invitación a repensar y replantear nuestros esquemas organizacionales, liberándonos de ciertas pretendidas imposiciones externas que solemos esgrimir más como excusa que como dificultad real.

– Optar por responsabilidades jerárquicas únicas. Cada colegio tiene su director o directora que asume la gestión de todos y cada uno de los ámbitos de la vida de la escuela. Digámoslo claramente, la figura de director titular surgió más por un deseo de tutela que por una necesidad real organizativa del colegio. ¿Queremos seguir manteniendo esa figura en el futuro?, ¿es verdaderamente sostenible?, ¿es una figura que asegurará una mayor sostenibilidad?, ¿quién o quiénes las van a ocupar dentro de una década?, ¿tiene mucho sentido que en equipo directivo unos días esté el titular y otros no?, ¿cómo afecta eso a la dinámica cotidiana de la escuela?, ¿está aportando algo realmente valioso? Defiendo que el director y su equipo necesitan una relación vertical, con la estructura global en el caso de redes de colegios, o con los propietarios en otros casos, tal como ocurre en el mundo empresarial en las que los responsables últimos validen planes, proyectos y presupuestos que han trabajado conjuntamente, pero considero innecesaria la figura de un director titular que se haga presente en determinados momentos en la vida de la escuela y que puede distorsionar la dinámica escolar. El colegio tiene un director o una directora que trabaja y reporta a las estructuras superiores.

El mismo planteamiento cabe para las diferentes etapas del colegio. Así como la figura del titular se coló por asegurar una tutela, la figura del jefe de estudios se nos ha colado como un gol por toda la escuadra procedente de los modelos organizativos de la escuela pública, lo que es todavía más grave. En efecto, en la escuela pública se creó esa figura para que gestionara el día a día de los institutos, y muy especialmente para que se ocupara de la desagradable gestión de la disciplina. Esto nunca perteneció a la tradición de la EC. Entre nosotros, el director de etapa, Infantil, Primaria, ESO, Bachiller, estaba presente, tenía su despacho cerca de sus clases, era el punto de referencia de alumnos, profesores y familias, que no se tenían que plantear si un determinado asunto era responsabilidad de uno o de otro. En la actualidad, lo veo en los centros, no es extraño ver al director de etapa y al jefe de estudios atendiendo conjuntamente algunos asuntos. En los colegios con más líneas, los directores o directoras de etapa deben estar acompañados por coordinadores de ciclo, que deberán ser los animadores más directos de los equipos de profesores de cada ciclo. Los coordinadores, junto con el responsable de pastoral y el director, formarán el equipo de etapa, con la ayuda también deseable, si es posible, del orientador.

– Cada una de las responsabilidades jerárquicas únicas, tanto el director del colegio como los directores de etapa, trabaja con un equipo. En el caso del equipo de dirección del colegio, deberán estar presentes todas las áreas y ámbitos del colegio: las etapas, la pastoral, la gestión económica, el ámbito extracurricular y, en algunos casos, el departamento de orientación. Tal como hemos planteado antes, las decisiones no se toman por consenso, sino profundizando en el valor argumental de las distintas propuestas, reservando siempre la decisión, si es necesario, a la dirección.

– Si realmente aceptamos los criterios anteriores, la configuración ideal de los equipos de trabajo de los profesores es la del ciclo o etapa, dependiendo del número de aulas, equipos focalizados en el servicio a ese grupo de alumnos que reúnen características similares. Esto significa que los departamentos no deben ser el esquema organizativo que articule el trabajo del profesorado por varias razones. La primera y más importante es que en este esquema, al ser una traslación del modelo universitario, prima lo académico como el eje vertebrador frente al criterio de equipos por ciclo o etapa, que responde más al criterio de servicio a los alumnos. La coordinación vertical de las materias hay que asegurarla, pero no necesariamente por medio de una estructura que consume muchos recursos –horas del jefe de departamento, horas semanales de cada profesor– y que, como su propio nombre indica, invita a la compartimentación vertical, con la figura, además, de un jefe. El colmo de la mentalidad de departamentos es la diferenciación entre departamentos de las diferentes lenguas: inglés, castellano, lenguas propias, etc., cada una a su aire. Es una estructura desde lo académico, no desde la realidad del alumno. Es todo lo contrario de una estrategia de enseñanza integrada de las lenguas que parte de todo lo contrario: de la realidad lingüística del alumno.

– Una última consideración importante. Muchos educadores, cuando imaginan su puesto de trabajo, se ven a sí mismos en clase interactuando con los alumnos y llevando a cabo las tareas que ello conlleva, preparar las clases, corregir, poner notas, evaluar, etc. En ese imaginario no incluyen una visión clara, y sobre todo asumida, de los diferentes equipos y grupos de trabajo en los que está inmerso y cuyas dinámicas pertenecen intrínsecamente a sus obligaciones profesionales. Eso hace que, cuando se les pide entrar en esas dinámicas, lo consideren como una especie de concesión en algo que realmente no es constitutivo de su puesto de trabajo Por eso me parece necesario que cada uno de los educadores dibuje su «mapa de pertenencias» y que tenga claro cuál es el alcance de cada una de ellas.

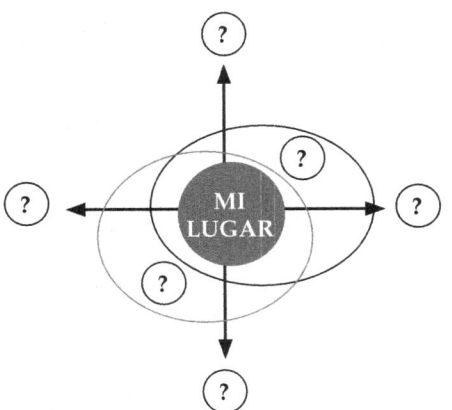

Es un ejercicio sencillo, pero necesario. Necesitamos que nuestros educadores tomen conciencia de su integración y de su necesaria participación activa en la organización escolar, recordando que, «si no eres parte de la solución, eres parte del problema». Uno de los retos más importantes al que nos enfrentamos tiene que ver con este sentimiento de pertenencia y de responsabilidad. Este punto es clave de cara a la sostenibilidad de la EC.

3. La gestión económica

Normalmente, cuando se habla de sostenibilidad de una organización, lo primero que nos viene a la mente es la sostenibilidad económica. Cuando alguien afirma que un determinado colegio no es sostenible, normalmente se refiere a un centro que pierde dinero y que, por tanto, carece de viabilidad económica. Cuando preguntas a un administrador cuál su misión, su respuesta no se haca esperar: hacer que el colegio sea sostenible. Y, en efecto, es así, solo que la sostenibilidad económica debe ser contemplada no como un fin en sí mismo, sino como el suelo necesario para las auténticas sostenibilidades, la del proyecto y la de las personas. Conozco escuelas católicas tanto en Europa como en América que son sostenibles económicamente, pero que no pasarían un mínimo examen de sostenibilidad del proyecto de educación católica. Hace algunos años fui invitado a moderar una mesa redonda con responsables de algunas redes de colegios católicos en España. Se trataba de redes de colegios que tenían desplegados más de veinticinco colegios por toda España cada una. La primera pregunta que les planteé fue si estaban muy preocupados por la sostenibilidad económica de sus centros. La pregunta les sorprendió un poco, pero su respuesta fue unánime: no les preocupaba especialmente, es decir, no les había resultado difícil asegurar la rentabilidad suficiente de sus colegios. Bien es cierto que se trataba de colegios grandes y consolidados en sus respectivas ciudades. No todas las escuelas católicas están en esa situación. Colegios pequeños en entornos menos urbanos y más desfavorecidos lo tienen mucho más difícil y necesitarán de otras fórmulas para asegurar su viabilidad económica.

Lo que interesa subrayar es que la sostenibilidad económica no es el gran problema de la EC y que, por tanto, debemos situar la gestión económica en el lugar que le corresponde, sin esgrimirla una y otra vez como argumento generalizado para determinar las decisiones de los planes educativos.

a) Gestión y razón económicas

La gestión económica no es mundo aparte y aislado de la dinámica general de las escuelas en el que solo saben entrar los especialistas, que nos comunican de vez en cuando los imperativos que de allí proceden.

Necesitamos desmitificar el mundo de la economía. Como se ha demostrado reiteradamente, es quizá una de las ciencias menos exactas que existen. Basta con remitirse a la última gran crisis económica que tanto nos afectó para comprobar que su poder de predicción, característica base de toda pretendida ciencia, es más bien escaso. Lo que ocurre es que los mensajes que nos vienen de ese mundo están rodeados de un cierto halo de seguridad e inmutabilidad, adornado también por la jerga que le es propia. Nada más lejos de la realidad. Todo dato económico responde a unos criterios determinados y, cambiados los criterios, por ejemplo, en el caso de las amortizaciones o en la consideración que se le dé a una inversión, el cuadro cambia. ¿Es mejor el endeudamiento cero o quizá un endeudamiento controlado en un momento en el que el coste del dinero no es tan alto y nuestros colegios no van sufrir de la noche a la mañana un reducción drástica de sus clientes?, ¿qué porcentaje de rentabilidad le vamos a pedir a nuestras cuentas para considerar que nuestros colegios son viables, el 5 % sobre la cifra de negocio?, ¿menos?, ¿más? La lista es inmensa. Lo único que me interesa subrayar es que el mundo de la economía no es un mundo tan cerrado y definido como nos lo hacen ver a veces.

No todos tenemos por qué saber de economía, pero sí que todos deberíamos poder comprender los datos fundamentales y, sobre todo, conocer los criterios que se utilizan para elaborarlos. En los informes económicos no hay simplemente datos, sino datos contextualizados e interpretados a partir de determinados criterios que pueden variar. Cuando los responsables de la gestión económica hacen afirmaciones que todos hemos oído, como «gastas mucho», «no hay dinero parta eso» o «cuidado con los gastos», en realidad, no están dando ninguna información inteligente que permita a los responsables del colegio tomar decisiones. Son recomendaciones del que posee una información que tú no tienes, unas claves que tú no posees y que, por tanto, debes acatar, pero que no van acompañadas de datos y propuestas.

Si queremos que nuestros colegios sean sostenibles, es necesario romper con esta dinámica de aislamiento de lo económico como un terreno en el que los «de educación» no entran. Como escuché en una reunión de administradores: «Vosotros, dedicaos a la educación, que nosotros cuidaremos de la viabilidad económica». Esta disociación se basa en una creencia sin el más mínimo fundamento: los responsables educativos están incapacitados para entender la gestión económica. Es cierto que, en algunos casos, los que asumen las responsabilidades directivas en los colegios presentan reticencias frente al mundo de la gestión económica, pero, lejos de tratarlos de manera paternalista, lo que hay que hacer es acompañarlos y conducirlos poco a poco hasta empoderarlos y que asuman la responsabilidad del ámbito económico. Tal como venimos planteando, el director del colegio y su equipo son los responsables de la gestión económica. No porque la ejecuten ellos, sino porque la integran como un paso imprescindible más a la hora de elaborar los planes de desarrollo del colegio.

Cuando deslizamos comentarios como que «el colegio también es una empresa», dejamos traslucir que debe tener una parte desagradable de gestión fría frente a la que nos resignamos, pero que, si no existiera, estaríamos mejor. Nada más lejos de la realidad. La empresa no tiene una parte buena y una mala. La empresa, toda ella en su conjunto, o es mala o es buena. Vengo defendiendo desde hace mucho tiempo la necesidad de profundizar en la enseñanza social de la Iglesia, tan rica y tan ignorada, para que nos oriente en la auténtica comprensión de lo que la empresa supone. En ella queda muy claro que la gestión económica es un medio que debe estar sometido a la razón de ser de la empresa.

La finalidad de la empresa no es simplemente la producción de beneficios, sino más bien la existencia misma de la empresa como comunidad de hombres que, de diversas maneras, buscan satisfacer sus necesidades fundamentales y constituyen un grupo particular al servicio de la sociedad entera[9].

Esta definición de empresa nos lleva a plantear un tema de vital importancia en la situación actual de la EC y, sobre todo, de cara a la sostenibilidad presente y futura. Nos referimos a la delgada línea que separa la sana preocupación por la gestión económica de la invasión de la razón económica como criterio de decisión en colegios y en redes de colegios. La razón económica va más allá de la gestión económica, porque no está al servicio del desarrollo educativo, sino que se va introduciendo como criterio en ámbitos que no le corresponden con el afán de incrementar los beneficios. Pongamos algunos ejemplos: ¿tiene sentido desde esta perspectiva que una determinada red de colegios monte una empresa para atender la limpieza de sus centros?, ¿qué objetivo tiene esa iniciativa que no sea el de ahorrase dinero, es decir, aumentar los beneficios?, ¿posee esa institución sabiduría y tradición sobre esa actividad?, ¿qué repercusiones tiene esa decisión en el aumento del *staff* en la central?, ¿puede ser el descuento una razón adecuada para optar por un determinado tipo de materiales didácticos?, ¿puede ser el precio la razón para optar por un proveedor y no por otro?, ¿cuál es la política y el sentido de las subcontrataciones?, ¿hasta qué punto la rentabilidad se ha colado como criterio para elaborar la propuesta de extracurriculares?, ¿por qué un administrador puede llegar a tener una mayor retribución que un director de etapa, por ejemplo, siendo así que el valor propio y específico de un colegio lo aportan

---

[9] Juan Pablo II, *Centesimus annus* 35,4.

los responsables educativos?[10] Este es el tipo de preguntas que nos tenemos que hacer para no caer en eso que tanto criticamos en nuestros mensajes educativos, la invasión del interés económico. La recomendación es clara: que la preocupación por la gestión económica no nos lleve a caer en la tentación de instalarnos en la razón económica, que siempre encontrará excusas para imponerse a los criterios educativos.

Gestión económica sometida a la dirección, sí; aislamiento de la gestión económica dejada a su propia dinámica, no; invasión de la razón económica como criterio de decisión en los diferentes ámbitos del colegio, tampoco.

b) Mejor, control de gestión

Los planteamientos anteriores requieren concreción en los modos de llevarlo a cabo. El criterio que vamos a esgrimir para hacer sostenible la gestión económica de la EC no puede ser otro que el que hemos venido proponiendo a lo largo de toda la reflexión: incrustar el «momento económico» en la dinámica de los responsables de las diferentes áreas, etapas y ámbitos del colegio, tal como propusimos en el caso del proyecto y de las personas.

En efecto, a la hora de elaborar los planes y propuestas de desarrollo de un colegio o de una red de colegios, hemos sugerido que siempre se pase por el «momento identita-

---

[10] Según la doctrina social de la Iglesia, el salario debe responder a dos criterios: uno negativo, no debe venir marcado por el mercado, y el otro positivo, debe ser adecuado al valor aportado por el trabajador. En el caso de la educación, es muy evidente que los responsables educativos son los que aportan el auténtico valor. Cf. DEPARTAMENTO DE PENSAMIENTO SOCIAL CRISTIANO, *Una nueva voz para nuestra época*, o. c., p. 272.

rio», es decir, asegurar que la identidad está presente en la configuración de esos proyectos. Pues bien, el modo por el que el momento económico se debe hacer presente en las decisiones educativas no es otro que el control de gestión, tal como se viene practicando desde hace años en el mundo de la empresa. Eso parte de la base de que lo económico no ha sido excluido de las responsabilidades que se le asignan a cualquier directivo de nuestros colegios, sino que queda integrado junto con lo académico, lo pastoral, lo disciplinar, etc.

El control de gestión no es la contabilidad, son dos mundos que reflejan la misma realidad con funciones completamente distintas. El objetivo del control de gestión consiste en proporcionar al responsable información sobre todos y cada uno de los ítems de gasto y de ingreso que se producen en el área que le ha sido asignada. Para eso es necesario construir ese mapa de gastos y de ingresos que no tiene nada que ver con las cuentas del sistema contable. Toda la realidad económica del colegio debe quedar plasmada en esos cuadros del control de gestión: las etapas, las extracurriculares, el comedor, el *staff* corporativo, la pastoral, etc.

Ese mapa de cuadros de control será la base sobre la que se construirá el presupuesto con una participación activa de cada uno de los responsables. Aquí reside el punto clave, cada uno de los responsables se enfrenta a las *decisiones económicas* que conlleva la gestión de su área. Ya no se trata de preguntar si hay dinero o no o para tal o cual proyecto que se me ha ocurrido, sino de introducir el momento económico a la hora de nuevos planes o proyectos. Esta es la auténtica manera de hacer sostenible la gestión económica, hacer que cada responsable la asuma como una parte indispensable de su tarea. Ya no tendrá ningún sentido que venga el administrador a un equipo de dirección a decir que «se hacen muchas fotocopias», porque cada uno de los responsables tiene su propio presupuesto de fotocopias y se sabrá, con un buen control de gestión, dónde está la desviación, porque a lo largo del curso cada responsable va recibiendo información sistemática, cada tres meses por ejemplo, de la evolución de su presupuesto.

Mi experiencia en este terreno del control de gestión es que los responsables lo entienden, lo asumen y son capaces de introducir poco a poco y con mucho acompañamiento el momento económico. Nuestros directivos y responsables no son tontos: el que más o el que menos gestiona sus propias finanzas y llegar a captar el funcionamiento económico de un colegio es sencillo: en octubre ya sabes cuál va ser tu nivel de «ventas» y, por tanto, de ingresos, no hay ningún *stock* que gestionar, no se necesita negociar con los bancos; en cuanto a los gastos, difícilmente se presentará alguna coyuntura, salvo pandemias sobrevenidas, que los dispare de manera alarmante.

El gran bloqueo para el desarrollo y la implantación de un verdadero modelo de control de gestión en los colegios lo he encontrado siempre en los responsables de la gestión económica, porque en general no están focalizados en este planteamiento ni tienen formación para ello. Proceden más del ámbito de la gestión contable y les cuesta mucho cambiar su forma de mirar la gestión económica, hasta el punto de que encuentran muchas dificultades para ofrecer ese servicio. Hay que tener en cuenta que cambiar al control como la clave de la sostenibilidad económica supone cambiar el tipo de servicio que los gestores económicos suelen llevar a cabo. La base del control de gestión ya no son las cuentas del sistema de contabilidad. Hay que construir los ítems de control para cada una de las áreas del colegio; hay que acompañar a cada responsable en el momento de la presupuestación para ir construyendo desde abajo un presupuesto que responda a los objetivos que se quieren plantear y ayudarles a pasar por el momento económico; es necesario alimentar constantemente los cuadros de control de gestión con los datos que se van generando, etc. Y, sobre todo, hay que abandonar la advertencia general (estamos gastando mucho) para proporcionar datos (tenemos un desvío en lo que se presupuestó de material escolar en 3º de Primaria).

Introducir el modelo de control de gestión es, a mi modo de ver, el auténtico camino para la sostenibilidad económica, porque la preocupación por la economía no debe quedar fuera de la gestión de los que realmente llevan el colegio: los responsables educativos. Con el paso del tiempo se van introduciendo en esa manera de ver y ya no necesitan de un administrador que les azuce con recomendaciones o con malos vaticinios para que no gasten; son ellos mismos los que saben y dan razón de lo que gastan. La información, el gran poder, no está reservada a los que saben de economía, sino que pertenece a quien la ha decidido en el presupuesto y la gestiona. Este es el cambio fundamental al que hay que tender.

La mentalidad que incorpora el modelo de control de gestión tiene otras virtualidades. La dinámica de un equipo directivo a lo largo de todo el curso tiene que discurrir en tres niveles: el nivel de la ejecución de todo aquello que se programó –la gestión del día a día–, el nivel de la evaluación y el nivel de la elaboración de los planes futuros. Estos tres niveles se van combinando a lo largo del curso. Cada vez que se llevan a cabo diferentes actividades se van evaluando de inmediato para ir acumulando información de cara a planes futuros y se va ya imaginando por dónde habría que seguir trabajando. En algún momento del curso, todo ese proceso de evaluación deberá plasmarse en una evaluación más sistemática, allá por el mes de mayo, que tendrá que dar lugar a las grandes líneas de trabajo para el curso siguiente. Es en este proceso en el que se debe introducir el momento económico de la presupuestación y no en el momento en que decida la central. Primero se evalúa, después se elabora un plan y, por último, se deciden los medios económicos para poder desarrollarlo.

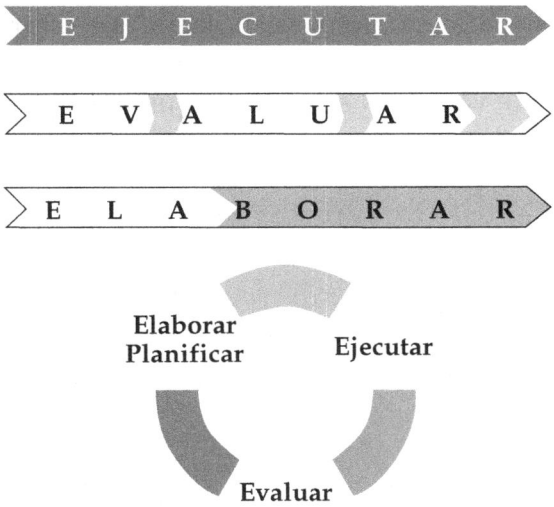

Los tres tiempos que recogen estos esquemas van apareciendo a lo largo del curso. Podemos estar evaluando una determinada actividad y tomando nota de lo que esa evaluación nos invita a planificar de otro modo para cursos siguientes, y a continuación tratar en el equipo directivo otros temas del día a día. Es necesario que los directivos sepan en cada momento en cuál de los tres niveles está. La presupuestación debe quedar incorporada en la mentalidad de los responsables como un «momento» de la planificación que deben llevar a cabo con la ayuda de los responsables económicos.

Como hemos visto, la sostenibilidad de la organización abarca mucho más que la mera viabilidad económica, aunque la incluye necesariamente. Modelo de función directiva, estructuras organizativas y gestión económica componen un todo armónico. La sostenibilidad económica de los colegios de la EC constituye el sustrato indispensable para poner en pie escuelas que irradien un proyecto educativo identitario fecundo, pero para ello tiene que estar bien integrada en ese conjunto, sabiendo bien cuál es su específica aportación de valor y al servicio de qué y de quién está.

AL FINAL

La grave crisis de la educación actual se debe al menosprecio de la memoria. Esta palabra está prohibida en pedagogía. Pero ¿cómo habitar si no es conservando lo que hemos heredado?[1]

El pensamiento utópico sin memoria crítica del pasado no sería nada, porque para idear y proponer alternativas realmente viables es necesario venir de algún sitio. La completa y definitiva renuncia a la tradición llevaría aparejado el desarraigo definitivo del ser humano. Hombres y mujeres somos constitutivamente tradicionales[2].

Este clamor suscrito por tantos pensadores actuales y pasados, y tan acertadamente descrito en ambas citas, constituye, también para la EC, el gran reto. Quizá sea el momento de detenerse para adquirir una cierta perspectiva de la evolución de la EC en los últimos decenios a la luz de lo mejor de nuestra tradición, desde una mirada limpia y, sobre todo, libre, sin miedo a replantear procesos y dinámicas que hemos ido incorporando de una manera secuenciada, urgidos por las necesidades, pero quizá faltos de una visión más global.

Sin tradición y memoria no hay utopía que genere proyecto, solo novedades marcadas por la caducidad a la espe-

---

[1] J.-C. Mèlich, *La fragilidad del mundo,* o. c., p. 52.
[2] Ll. Duch, *La educación y la crisis de la modernidad,* o. c., p. 51.

ra de ser devoradas por la siguiente novedad. Solo instalados en la vivencia profunda de la tradición, desde la recreación del esquema fundacional, y con una gran libertad, seremos capaces de hacer brotar lo nuevo. Nuestra sociedad lo necesita. Esa es nuestra misión, nacimos como EC para ello y no solo para defender el derecho de los padres a elegir la educación de sus hijos.

Las propuestas que se han ido desgranando son posibles y funcionan. Prueba de su eficacia es que enganchan a los mejores, a los más vocacionados, a los que sienten que necesitan de un relato educativo que dé sentido a su día a día y que les haga crecer. Esos educadores captan la fuerza del «momento identitario», porque lo viven como fuente y en él encuentran la inspiración para encarnar de nuevo el proyecto. Aún recuerdo las palabras de un educador en un trabajo sobre el sentido de lo que enseñamos a la luz de la visión cristiana del mundo: «Y esto, ¿por qué no nos lo habéis enseñado antes?». Esos educadores son capaces de entrar en su «momento personal» para seguir viviéndose como seres en relación con sus alumnos, no solo transmisores de contenidos. Y esos educadores, cuando les corresponde, son capaces de vencer las resistencias para entrar en el «momento económico» si sus responsabilidades lo requieren.

La sostenibilidad de la EC será posible solo cuando el proyecto deje de estar al lado, o encima, o en las estanterías, donde se acumulan los documentos, y se integre –se incruste más bien– en las dinámicas personales y organizacionales de nuestros colegios. El control tiene las patas muy cortas; los documentos son necesarios como una cierta guía, pero no cambian la realidad, y los reglamentos pueden ordenar un poco el tráfico, pero en realidad no son capaces de crear vida. Hay que apuntar al trabajo de transformación interna, a la motivación intrínseca y trascendental. Esta es la clave fundamental de la sostenibilidad, la interiorización, la incorporación a todas las dinámicas de la escuela, sin excepción de la mirada educativa carismática. Que nos preguntemos siempre ante cualquier decisión, proyecto o planteamiento cuáles son las razones que de verdad están detrás, que no nos engañemos, que el proyecto y el bien de nuestros alumnos que de él se derivan sean el criterio inquebrantable.

En este camino resulta imprescindible tener siempre en cuenta tres lugares a los que acudir como alimento: el momento fundacional y lo mejor de su tradición, el magisterio de la Iglesia en materia de educación y la enseñanza social de la Iglesia para que nos oriente en los modos y maneras de nuestras estructuras de gestión. No desaprovechemos toda esa riqueza que nos proporcione la «guía» para acudir a las nuevas propuestas psicológicas y pedagógicas para extraer de ellas aquello que más sirva a nuestros intereses educativos.

La confianza se sustenta en la seguridad que nos da la fuerza de nuestros orígenes carismáticos. Dejemos de mirar hacia fuera para copiar, imitar o competir, reconciliémonos con lo que realmente somos y hagamos brotar desde ahí la escuela que nuestro mundo necesita. No es fácil. Es necesario un buen ejercicio de libertad basado precisamente en la confianza, porque pocos proyectos educativos poseen los recursos que atesora la EC.

ÍNDICE

COLECCIÓN EDUCAR

Carta a una maestra, Alumnos de la escuela de Barbiana (7ª ed.)

La autoestima del profesor, Franco Voli

La motivación en el aula, Jesús Alonso Tapia y Enrique Caturla Fita

La estimativa moral. Propuestas para la educación ética, Marciano Vidal

Escuchar el mundo, oír a Dios, José Luis Corzo (dir.)

La educación en valores, Abilio de Gregorio, Javier Elzo, Pilar Ferreirós, Pio Laghi y Ramón Pérez Juste (4ª ed.)

Pedagogía del sentido, Francesc Torralba (2ª ed.)

Desafíos para recrear la escuela, José María Mardones (2ª ed.)

Ética y voluntariado, Agustín Domingo Moratalla (2ª ed.)

La relación profesor-alumno en el aula, Pedro Morales (3ª ed.)

Los derechos humanos en la situación actual del mundo, Carmelo García

Reinventar la solidaridad, Luis Aranguren Gonzalo

Televisión y familia. Un reto educativo, Luis Fernando Vílchez

La educación en la familia y en la escuela, Jaume Sarramona i López (2ª ed.)

La enseñanza de la religión, una propuesta de vida, Comisión Episcopal de Enseñanza

Educarnos con la actualidad, José Luis Corzo

Educar en positivo para un mundo en cambio, Mercedes Muñoz-Repiso Izaguirre

El profesor como formador moral. La relevancia formativa del ejemplo, José PENALVA

Educar a los hijos con inteligencia emocional, María José GALLEGO (2ª ed.)

Ciudadanía, religión y educación moral, Agustín DOMINGO MORATALLA (ed.)

Ser cristiano en la plaza pública, José María MARDONES

El aprendizaje cooperativo, Leonor PRIETO NAVARRO (3ª ed.)

Llamada y proyecto de vida, Xosé Manuel DOMÍNGUEZ PRIETO (2ª ed.)

El espíritu del educador, Gustavo J. MAGDALENA

Jesucristo falta a clase, José Luis CORZO

El arte de ser abuelos, Franco VOLI

Competentes, conscientes, compasivos y comprometidos, Josep M. MARGENAT

¿Crecer sin Dios? La experiencia de Dios a lo largo de la vida, Karl Ernst NIPKOW

La formación espiritual y religiosa durante los primeros años, María José FIGUEROA ÍÑIGUEZ

Virtudes para convivir, Xabier ETXEBERRIA

El profesor cristiano: identidad y misión, Xosé Manuel DOMÍNGUEZ PRIETO (3ª ed.)

La educación (com)partida, Luis Fernando VÍLCHEZ

Religión para pequeños. Didáctica de Infantil, María Eugenia GÓMEZ SIERRA

El aprendizaje-servicio en España: el contagio de una revolución pedagógica necesaria, Roser BATLLE SUÑER

Gestionar para educar, Javier CORTÉS SORIANO y Jesús Ángel VIGUERA LLORENTE

Don Milani: la palabra a los últimos, José Luis CORZO

Adolescencia: espacio para la fe, María Eugenia GÓMEZ SIERRA

Generación Y, José María BAUTISTA

Cronos va a mi clase, Carmen GUAITA

Urge una escuela para la paz, Ernesto BALDUCCI

La Escuela católica, Javier CORTÉS

Estar en la escuela. Pedagogía e interioridad, Helena ESTEVE, Ruth GALVE y Lluís YLLA

Educación y cambio ecosocial, Rafael DÍAZ-SALAZAR (2ª ed.)

Freire en Salamanca, Antonio GARCÍA MADRID (ed.)

Inteligencia moral. Perspectivas, Luis Fernando VÍLCHEZ, con la colaboración de Jacqueline GLASER

La escuela del futuro, Luis DE LEZAMA

La interioridad como paradigma educativo, Elena ANDRÉS SUÁREZ y Carlos ESTEBAN GARCÉS (coords.)

Ser para educar y educar para ser, José María ARNAIZ

La educación es cosa de corazones, Miguel Ángel GARCÍA MORCUENDE

Santidad para el cambio social, Javier ALONSO ARROYO

Don Lorenzo Milani. El exilio de Barbiana, Michele GESUALDI

Lo que mis alumnos me enseñaron, Carmen GUAITA

La interioridad como oportunidad educativa, Elena ANDRÉS SUÁREZ y Carlos ESTEBAN GARCÉS (coords.)

Una escuela en salida, Javier ALONSO ARROYO

Educar para amar, Mª Carmen MASSÉ GARCÍA

La inteligencia religiosa, Guillermo GÓMEZ-FERRER LOZANO

Hacia una teología de la interioridad, Elena ANDRÉS SUÁREZ y Carlos ESTEBAN GARCÉS (coords.)

Una comunidad en busca de la verdad, Elías NEIRA ARELLANO

Preguntas para pensar en ética, Tomás MIRANDA ALONSO

En defensa del maestro, Luis Fernando VÍLCHEZ

La juventud autómata. *Ciberbullying* y adolescentes tras las pantallas, Irene BARBERO